Jacky GIRARDET
Jean-Marie CRIDLIG

**Méthode de français**

EUROPEAN SCHOOLBOOKS PUBLISHING

Cet ouvrage est le fruit d'une large concertation menée grâce à la collaboration d'enseignants et de formateurs du monde entier.

Leurs remarques, observations et suggestions ont été précieuses, qu'elles aient été formulées à l'occasion d'une intervention pédagogique, durant une table ronde ou à l'issue d'une présentation.

Qu'ils en soient ici publiquement remerciés et que veuillent bien nous excuser les très nombreux collègues dont le nom n'a pu être cité.

M. ALANKO, M. ANYFANTI, F. AKHAMLICH, E. ANGELMO, J. AROUTIOUNOVA, A. AUBIER, G. BAUSANO, M. BOSCARDIN, T. BONINI, M. BRODERICK, J. CACHO, M. CALVO, F. CAMBOUROPOULOU, M. CASSIO, F. CASTELLI, G. CELORIA, E. CERAGIOLI, V. CERQUETTI, J. CHARANTONI, R. CHAVEZ, G. CHUDAK, M. CHUN-MING, E. COGNIGNI-CHELLI, E. CONWAY, D. CORNAVIERA, S. COURTIER, L. DE FAZIO, E. DEL COL, J. DIAZ CORALEJO, D. D'ORIA, L. FARO, C. FANARA, M. GAGO, A. GASCON, S. GAVELLI, A. GAZEPIS, J. GEIGER, T. GEORGEVITCH, G. GIL CURIEL, A. GREPPI, S. HALVORSEN, T. HATZIMANOLI, A. HAYNES, G. HOVART, M. IKONOMOU, U. JACKOWSKA, A. KANIEWSKA, J. KAZLOR, B. KLECANA, K. KOSLACZ, I. LAFFONT, F. LANCIEN, L. LAZANAKI, L. LAPOUX, CH. LESSART, E. LIAPI, A. MARQUEZ, B. MARTINEZ, L. MENENDEZ, E. MICCHELI, G. MIGDALSKA, B. MOLAK, CH. MONTAIGU, N. MUSKAUG, M. NAPOLI, V. NETO, M. NICHOLSON, I. OKECKA, M.-CH. ORSONI, M. PAINE, S. PANATTONI, M. PANDURI, M. PANUFNIK, G. PARACCHINI, M. PENAMEN, K. PORAYSUA, M.-F. RALLIER, A. RECCHIA, G. REYNARD, M. RODGER, L. SAETTA, M. SALA, M. SHIPTON, P. SPANTIDAKIS, M. SQUARZONI, M. TOUPET, T. TAKADA, M. TABONE, R. TOSCANO, M. WAI-MIN-ZHIU, S. WUATTIER, P. YIANNELI, U. ZECCHIN, A. ZINOPOULOU, M. ZLOLKOWSKA.

Les auteurs et l'éditeur

• Édition : Michèle GRANDMANGIN
• Secrétariat d'édition : Christine GRALL
• Fabrication : Pierre DAVID
• Conception graphique et mise en page : Evelyn AUDUREAU
• Couverture : J S M
• Illustrations : Hugues LABIANO
             Geneviève PANLOUP
             Stanislas BARTHÉLÉMY
• Recherche iconographique : Valérie NIGLIO
• Photographie : Michel GOUNOD
• Cartographie : Jean-Pierre MAGNIER
• Coordination artistique : Catherine TASSEAU

© CLE INTERNATIONAL, PARIS 1996, ISBN 2.09.033712.5
ISBN (Royaume Uni) 0 85048 451 0

033784

*Une méthode de français pour grands adolescents et adultes débutants.* Elle permet de couvrir de 120 à 150 heures de cours et vise l'acquisition d'une compétence de communication générale (compréhension et expression orales et écrites).

*Le fruit d'une large collaboration.* Conçue à partir d'une enquête réalisée auprès d'enseignants de différents pays, la méthode **PANORAMA** a été élaborée par deux spécialistes de l'enseignement du français langue étrangère en liaison avec des praticiens apportant chacun l'expérience d'un terrain particulier.

*Un panorama des réalités françaises actuelles.* La présentation graduée du vocabulaire, de la grammaire et des situations de communication se fait à travers des unités « Histoire », véritables petits films de la vie quotidienne, ainsi qu'à travers des unités « Projet » qui proposent une grande variété de documents. L'étudiant apprend la langue tout en découvrant les comportements, les préoccupations des Français d'aujourd'hui, et en recevant des informations pratiques.

*Une gamme variée d'outils d'apprentissage.* Conscients que chaque étudiant doit pouvoir trouver les démarches et les outils qui lui paraissent les plus efficaces, les auteurs de **PANORAMA** proposent un large éventail d'instruments didactiques : textes et documents favorisant la compréhension et l'expression, tableaux de grammaire et de vocabulaire, exercices conçus pour la réflexion sur la langue ou l'acquisition d'automatismes, activités impliquant le réemploi des acquisitions, etc.

**PANORAMA** suggère par ailleurs des déroulements de classe qui font une place égale aux travaux collectifs, individuels ou en petits groupes.

*Une réelle souplesse d'utilisation.* L'autonomie de chaque double page permet d'effectuer des choix en fonction des intérêts et des besoins et rend possibles des anticipations sur la progression.

*Une invitation constante à la production orale ou écrite.* **PANORAMA** est conçue de façon à impliquer l'étudiant et à susciter des débats et des confrontations entre les cultures. Dans certaines leçons, toutes les activités convergent vers la réalisation individuelle ou collective d'un projet à la fois ambitieux et à la mesure des possibilités de l'apprenant.

# MODE D'EMPLOI

## ORGANISATION GÉNÉRALE

- **18 leçons** regroupées en **6 unités** de 3 leçons.
- Chaque unité est suivie d'un **bilan**.

- Dans chaque leçon :

– une double page « **Introduction aux contenus** »
– une double page à dominante « **grammaire** »
– une double page à dominante « **vocabulaire** »
– une double page à dominante « **civilisation** »

## DEUX TYPES D'UNITÉS

### • UNITÉS « HISTOIRE » (1 - 2 - 4 - 5)

Dans ces unités, les dialogues et les documents écrits des pages « Introduction aux contenus » s'enchaînent pour raconter **une histoire**.

### • UNITÉS « PROJET » (3 - 6)

Dans ces unités, les dialogues et les documents écrits des pages « Introduction aux contenus » s'organisent à partir d'**un thème**.
Tous les contenus de ces unités convergent vers la réalisation d'**un projet individuel** ou **collectif** (dernière leçon de l'unité).

## ORGANISATION D'UNE LEÇON (4 doubles pages)

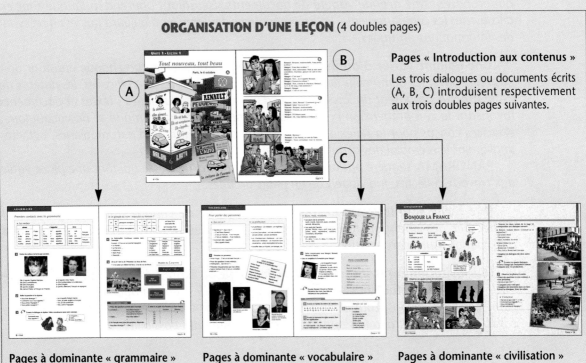

### Pages « Introduction aux contenus »

Les trois dialogues ou documents écrits (A, B, C) introduisent respectivement aux trois doubles pages suivantes.

**Pages à dominante « grammaire »**

Comportent une rubrique « Entraînez-vous » (automatismes).

**Pages à dominante « vocabulaire »**

Comportent une rubrique « Prononciation ».

**Pages à dominante « civilisation »**

Comportent un complément vidéo.

---

Pour le professeur et la classe :

### TROIS CASSETTES AUDIO

Enregistrements :
– des dialogues des pages « Introduction aux contenus »
– des rubriques « Entraînez-vous » et « Prononciation »
– des exercices d'écoute

**LE LIVRE DU PROFESSEUR**
**LE FICHIER D'ÉVALUATION**
**LA VIDÉO**

Pour l'élève :

## LE CAHIER D'EXERCICES

- Exercices d'enrichissement lexical
- Exercices complémentaires de grammaire
- Activités d'orthographe
- Exercices de compréhension de l'écrit
- Activités d'expression écrite
- Préparation au Delf

**UN DOUBLE CD AUDIO**
**ou DEUX CASSETTES AUDIO**

# UNITÉ 1

## COMPRENDRE ET S'EXPRIMER

- Faire connaissance.
- Utiliser les formules de politesse.
- Demander quelque chose – Répondre à une demande.
- Acheter.
- Inviter et répondre à une invitation.
- Parler de ses goûts et de ses préférences.

## DÉCOUVRIR

- Quatre jeunes Français dans leur vie quotidienne.
- Personnalités et lieux célèbres.
- Loisirs et spectacles.

# Tout nouveau, tout beau

Paris, le 6 octobre

**Renaud :** Bonjour, mademoiselle. Vous aimez la Diva ?

**Margot :** Vous êtes vendeur ?

**Renaud :** Non, admirateur. Mais je suis aussi comédien, chanteur, garçon de café et étudiant.

**Margot :** C'est tout ?

**Renaud :** Non... Je m'appelle Renaud.

**Margot :** Comme la voiture ?

**Renaud :** Non, comme le chanteur. Renaud : A, U, D. Et vous, c'est comment ?

**Margot :** Margot.

**Renaud :** C'est un joli nom.

**Vincent :** Salut, Renaud ! Comment ça va ?

**Renaud :** Salut ! Ça va et toi ?

**Vincent :** Bonjour, mademoiselle.

**Renaud :** Vincent, un ami d'Orléans... Margot...

**Margot :** D'Orléans aussi.

**Renaud :** Ah, vous habitez à Orléans ?

**Patrick :** Bonjour !

**Renaud :** C'est Patrick, un ami de Paris.

**Margot :** Vous connaissez tout le monde, vous !

# Premiers contacts avec la grammaire

## ■ Les verbes

| aimer | | |
|---|---|---|
| j' | aime | l'Italie |
| tu | aimes | |
| il/elle | aime | Milan |
| nous | aimons | l'italien |
| vous | aimez | |
| ils/elles | aiment | Gloria |

| s'appeler | | |
|---|---|---|
| je | m' | appelle |
| tu | t' | appelles |
| il/elle | s' | appelle |
| nous | nous | appelons |
| vous | vous | appelez |
| ils/elles | s' | appellent |

| être | | |
|---|---|---|
| je | suis | français française |
| tu | es | |
| il/elle | est | |
| nous | sommes | français françaises |
| vous | êtes | |
| ils/elles | sont | |

**1** Mettez les verbes à la forme qui convient.

Elle *(s'appeler)* Sophie Marceau.
Elle *(être)* comédienne.
Elle *(être)* française.
Elle *(parler)* anglais.
Elle *(aimer)* l'Italie, la Pologne et l'Irlande.

Je *(s'appeler)* Alex Taylor.
Je *(être)* présentateur à la télévision.
Je *(être)* anglais.
Je *(parler)* allemand, français et espagnol.

**2** Reliez la question et la réponse.

- Vous êtes étranger ?
- Comment vous vous appelez ?
- Vous aimez l'Espagne ?
- Vous parlez espagnol ?

– Je m'appelle Robert Martin.
– Non, je parle anglais et français.
– Oui, je suis américain.
– Oui, j'aime l'Espagne.

**3**  Écoutez le dialogue et répétez. Faites connaissance avec votre voisin(e).

Comment vous vous appelez ?

Je m'appelle ...
Je suis ...
Et vous, vous êtes ...

## ■ Le groupe du nom - masculin ou féminin ?

| M | un le | passeport européen |
|---|---|---|
| F | une la | voiture européenne |

| M | un le | joli | livre |
|---|---|---|---|
| F | une la | jolie | fille |

**un** beau livre
**une** belle fille

**un** nouveau livre
**une** nouvelle voiture

---

**4** La Nationalité. Continuez comme dans l'exemple.

*Exemple : El País* est un journal espagnol.

- *Le Monde* ...
- *La Fiat Uno* ...
- *Madonna* ...
- *Alain Prost* ...
- *Pavarotti* ...

| Pays | Il est ... | Elle est ... |
|---|---|---|
| La France | français | française |
| L'Angleterre | anglais | anglaise |
| L'Espagne | espagnol | espagnole |
| L'Italie | italien | italienne |
| La Grèce | grec | grecque |
| Le Mexique | mexicain | mexicaine |
| Les États-Unis | américain | américaine |

---

**5** *Un* ou *le* ? *Une* ou *la* ? Présentez ces lieux de Paris.

- C'est **une** rue célèbre de Paris. C'est **la** rue de Rivoli.

*La butte Montmartre.*

---

### Entraînez-vous

**1. Posez des questions comme dans l'exemple.**

- La France ...      Vous êtes français ?
                     Vous parlez français ?
                     Vous aimez la France ?

- L'Italie ...       Vous êtes italien ?
                     ...

**2. Un Français vous pose des questions. Répondez.**

– Vous êtes étranger ?   – Oui, ...

– ...

**3. Dites si on parle d'un homme ou d'une femme.**

|  | Homme | Femme |
|---|---|---|
| (1) |  | X |
| (2) |  |  |
| (3) |  |  |
| (4) |  |  |
| (5) |  |  |
| (6) |  |  |

# Pour parler des personnes

## ■ Qui est-ce ?

- Qui est-ce ? - Qui c'est ?
  - C'est Pierre Durand.
  - C'est un Français. - Il est français.
  - C'est un médecin. - Il est médecin.
- Comment elle s'appelle ?
  - Elle s'appelle Marie.

## ■ La profession

- un professeur - un médecin - un ingénieur - un écrivain
- un/une journaliste - un/une secrétaire - un/une artiste - un/une architecte
- un chanteur/une chanteuse - un vendeur/une vendeuse - un musicien/une musicienne - un(e) employé(e) de bureau
- travailler dans un hôpital, une banque, *etc.*

**1** Présentez ces personnes.

« Victor Hugo... C'est un écrivain français. »

- Posez des questions à votre voisin(e).
« Shakespeare... Qui est-ce ? »

- Présentez cinq personnes que vous aimez.
« J'aime Harrison Ford. C'est un comédien américain. »

**GENS CÉLÈBRES D'HIER ET D'AUJOURD'HUI**

Victor Hugo
Beethoven
Pablo Picasso
Miguel Indurain
Alexandre Soljenitsyne
Gustave Eiffel

Élisabeth II
Socrate
Louis de Funès
Lady Di
Rembrandt
Mozart

*Carla Bruni, mannequin.*

*Anne Sinclair, journaliste à la télévision.*

*Patricia Kaas, chanteuse.*

*Bernard Kouchner, médecin, fondateur de Médecins du monde, ancien ministre.*

## ■ Jours, mois, nombres

- **Les jours de la semaine**
  lundi, mardi, mercredi, jeudi, vendredi,
  samedi, dimanche

- **Les mois de l'année**
  janvier, février, mars, avril, mai, juin,
  juillet, août, septembre, octobre,
  novembre, décembre

- **Les nombres**
  0 = zéro, 1 = un, 2 = deux, 3 = trois, *etc.*
  *(voir p. 180)*

| JUILLET | | |
|---|---|---|
| *Les jours diminuent de 58 mn* | | |
| 1 | L | Thierry ☺ 27 |
| 2 | M | Martinien |
| 3 | M | Thomas |
| 4 | J | Florent |
| 5 | V | Antoine-Marie |
| 6 | S | Marietta |
| 7 | D | Raoul |
| 8 | L | Thibaut 28 |
| 9 | M | Amandine |
| 10 | M | Ulrich |
| 11 | J | Benoît |
| 12 | V | Olivier |
| 13 | S | Henri/Joël |
| 14 | D | F. NATIONALE |
| 15 | L | Donald ☺ 29 |
| 16 | M | N.-D. Mt Carmel |
| 17 | M | Charlotte |
| 18 | J | Frédéric |
| 19 | V | Arsène |
| 20 | S | Marina |
| 21 | D | Victor |

| AOÛT | | |
|---|---|---|
| *Les jours diminuent de 1 h 36* | | |
| 1 | J | Alphonse |
| 2 | V | Julien |
| 3 | S | Lydie |
| 4 | D | J.-M. Vianney |
| 5 | L | Abel 32 |
| 6 | M | Transfiguration |
| 7 | M | Gaétan |
| 8 | J | Dominique |
| 9 | V | Amour |
| 10 | S | Laurent |
| 11 | D | Claire |
| 12 | L | Clarisse 33 |
| 13 | M | Hippolyte |
| 14 | M | Evrard |
| 15 | J | ASSOMPTION ☺ |
| 16 | V | Armel |
| 17 | S | Hyacinthe |
| 18 | D | Hélène |
| 19 | L | Jean Eudes 34 |
| 20 | M | Bernard |

**2** Faites connaissance avec Margot, Renaud,
Vincent et Patrick.

- Lisez et complétez le formulaire pour Margot.

« Je m'appelle Margot
Fontaine. Je suis
célibataire. Je suis née le
22 janvier 1976 à Lyon.
J'habite à Orléans,
15 rue Jeanne-d'Arc.
Je suis secrétaire dans une
banque. »

- 🎧 Écoutez Renaud, Vincent et Patrick.
  Découvrez leur nom, leur date de
  naissance et leur profession.

**FICHE D'INSCRIPTION**

Nom ...................................

Nom de jeune fille ..............

Prénoms ...........................

Date de naissance .............

Lieu de naissance ...............

Nationalité ........................

Profession ........................

Adresse ...........................

Numéro de téléphone .........

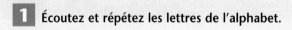
## Prononciation

**1** Écoutez et répétez les lettres de l'alphabet.

A - B - C - D - E - F - G - H - I - J - K - L - M -
N - O - P - Q - R - S - T - U - V - W - X - Y - Z

**2** Écoutez et retrouvez les sigles suivants. Donnez leur signification.

CD - TGV - RER - RFI

un train rapide - un disque compact - Radio
France Internationale - un métro rapide

**Sons [i] - [e] - [ɛ]**

**3** Écoutez et répétez.

Infidélité

Je m'appelle Émile

Et j'aime Émilie

Émilie la belle

Émilie jolie

Mais si Isabelle

L'été me sourit

J'oublie Émilie

# BONJOUR LA FRANCE

## ■ Salutations et présentations

Bonjour - Bonsoir
Salut
Comment ça va ?

Au revoir
Salut - À bientôt
Bonne nuit

Comment tu t'appelles ?

Vous êtes monsieur Blanc ?

Voici madame Brun, monsieur Blanc et mademoiselle Noir.

| connaître | |
|---|---|
| je connais | la France |
| tu connais | |
| il/elle connaît | Paris |
| nous connaissons | |
| vous connaissez | le prénom |
| ils/elles connaissent | de Mlle Fontaine |

**1** Observez ces quatre scènes de rencontre.

①

②

③

④

• Trouvez les deux scènes de la page 12 correspondant aux dialogues suivants.

**a)** Bonjour, madame Martin. Comment ça va aujourd'hui ?
– Ça va bien. Merci.
– Voici pour vous.
– Merci, monsieur. Au revoir.

**b)** Salut, Michel. Ça va ?
– Ça va. Ça va.
– Bonne nuit. À bientôt.
– Oui, c'est ça. Bonne nuit à toi aussi.

• Imaginez les dialogues des deux autres scènes.

• 🎧 Écoutez ces quatre dialogues. Trouvez l'image qui correspond à chacun. Comparez avec vos productions.

**2** Observez les photos ci-contre.
• Posez des questions à votre voisin(e), à votre professeur.
« Qu'est-ce que c'est ? ... »
• Comparez avec votre pays.
• Imaginez des rencontres dans ces lieux. Écrivez les dialogues. Jouez les scènes.

■ **S'informer**

• Qu'est-ce que c'est ? – C'est ...
• Comment ça s'appelle ? – ...
• Vous connaissez ?
• C'est comme en Espagne ?

# Les hommes sont difficiles

**A**

## Orléans, le 10 novembre

*Dans l'appartement de Margot.*

**Margot :** Un café ?

**Carine :** Oh oui, merci.

**Margot :** Vincent, un café ?

**Vincent :** Non merci, pas de café.

**Margot :** Un Coca alors ?

**Vincent :** Je n'aime pas le Coca.

**Margot :** Et le Campari, tu aimes ou tu n'aimes pas ?

**Vincent :** Je ne sais pas. Qu'est-ce que c'est ? C'est bon ?

**Margot :** Oui, c'est bon. C'est un apéritif italien.

**Vincent :** Ah non ! Pas d'alcool.

**Margot :** Dis donc, tu es difficile, toi ! Après, il y a l'eau du robinet. C'est tout.

**Margot :** On écoute un disque ?

**Vincent :** Qu'est-ce que tu as ?

**Margot :** Patricia Kaas, Patrick Bruel...

**Vincent :** Tu as des disques des Doors ?

**Margot :** Ah non. Tu sais, moi, le rock des années 60...

## Paris, le 20 novembre

*Au marché aux puces de Saint-Ouen.*

**Patrick :** Excusez-moi, monsieur. Je cherche la BD *Tintin en Amérique*.

**Le libraire :** Pardon ? Je ne comprends pas. Vous cherchez... ?

**Patrick :** La bande dessinée *Tintin en Amérique*. Mais je voudrais l'édition de 1962.

**Le libraire :** L'édition de 1962 ! Oh là là ! Vous êtes difficile, vous ! Regardez ! Cherchez !

**Margot :** Patrick, s'il te plaît ! Je voudrais bien voir les vêtements.

## Orléans, le 25 novembre

*À l'entrée d'une salle de spectacle.*

**Renaud :** Deux places s'il vous plaît !

**Le caissier :** Ça fait 300 francs.

**Margot :** Tiens, voilà un billet de 200.

**Renaud :** Ah non, je paie pour les deux !

**Margot :** S'il te plaît. On partage.

**Renaud :** Bon, partageons... Zut ! Je n'ai pas d'argent !

**Margot :** Pardon ?

**Renaud :** Je n'ai pas d'argent. Excuse-moi !

# Le groupe du nom - L'interrogation et la négation

## ■ Les articles

|  | masculin singulier | féminin singulier | pluriel |
|---|---|---|---|
| articles indéfinis | un | une | des |
| articles définis | le (l')* | la (l')* | les |
| de + article défini | du (de l')* | de la (de l')* | des |
|  | * devant a - e - i - o - u - h | | |

• Vous avez un dictionnaire ?
– Oui, j'ai le dictionnaire *Le Robert*.

• Vous connaissez la voiture de Pierre ?
– Oui, c'est une belle voiture, une Alfa Romeo.

## ■ Le groupe du nom - singulier ou pluriel ?

| S | P |
|---|---|
| le passeport européen<br>la voiture française | **les** passeports européen**s**<br>**les** voitures française**s** |
| un passeport européen<br>une voiture française | **des** passeports européen**s**<br>**des** voitures française**s** |

**Attention !**
• le bon livre → les bons livres
un bon livre → **de** bons livres

• beau - bel (devant voyelle)/
belle → beaux/belles

• nouveau - nouvel (devant voyelle)/
nouvelle → nouveaux/nouvelles

| avoir | | |
|---|---|---|
| j'<br>tu<br>il/elle/**on**<br>nous<br>vous<br>ils/elles | ai<br>as<br>a<br>avons<br>avez<br>ont | un dictionnaire<br><br>20 ans |

**on = nous**
On écoute un disque ?

**on = ils/elles**
En France, on aime la bonne cuisine.

**1** Complétez avec un article.

• **un, une, des, de** : Vous avez ... appartement ? ... voiture ? ... disques français ? ... bons livres ? ... passeport européen ? ... amis étrangers ?

• **le, la, l', les** : Vous connaissez ... appartement de Margot ? ... amis de Margot ? ... nom de la rue de Margot ? ... date de naissance de Margot ?

**2** Complétez avec un article.

**a)** – Margot a ... belle voiture !
– Non, c'est ... voiture de Carine.
– Mais, elle a ... bel appartement !
– Non, c'est ... appartement de Dominique.
– Heureusement, elle a ... amis !

**b)** – Regarde ! ... affiche de *La Reine Margot*.
– C'est quoi ? ... film ou ... pièce de théâtre ?
– C'est ... film de Chéreau avec ... comédienne Isabelle Adjani. C'est ... bon film.

**Complétez avec** *de, du, de la, de l', des.*

« Ah ! Souvenirs ... Paris ! Le café ... place du Tertre ! Les cinémas ... boulevard des Italiens ! L'appartement ... amis français et le sourire ... jolie Sylvie. »

L'interrogation et la négation

Tu travailles ?

Non, je ne travaille pas ! Je n'aime pas les mathématiques.

Est-ce qu'il y a un restaurant ici ?

Non, il n'y a pas de restaurant.

- • Tu as un dictionnaire ?
  – Non, je **n'**ai **pas de** dictionnaire.
- • Tu as une Peugeot ?
  – Non, je **n'**ai **pas une** Peugeot. J'ai une Fiat.

**Répondez aux questions du clochard.**

Vous êtes français ? – Non, je ne suis pas français.
Vous travaillez à Paris ? – Non, ...
Et mademoiselle, elle travaille à Paris ? – Non, ...
Vous habitez à Paris tous les deux ? – Non, ...
Vous connaissez Paris ? – Non, ...
Mais vous aimez la France ? – Oui, ...
Alors vous avez une petite pièce pour moi ? ...

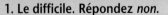 **Entraînez-vous**

**1. Le difficile. Répondez** *non.*

• Il aime le café ? – Non, il n'aime pas le café.
• Il aime le Coca ? – Non, ...

**2. Faites parler le clochard. Répondez** *non.*

• Vous travaillez ? – Non, je ne travaille pas.
• Vous avez un appartement ? – Non, ...

**3. Posez la question comme dans l'exemple.**

• J'ai une voiture. → Et vous, est-ce que vous avez une voiture ?
• Je parle anglais. → Et vous, ... ?

**4. Dites si on parle d'une personne ou de plusieurs.**

|     | une | plusieurs |
| --- | --- | --- |
| (1) | X   |           |
| (2) |     |           |
| (3) |     |           |
| (4) |     |           |
| (5) |     |           |
| (6) |     |           |

UNITÉ 1 • LEÇON 2

Dix-sept • 17

# Demandes et souhaits

## ■ Caractériser

- grand (grande) / petit (petite)
- nouveau (nouvelle) / ancien (ancienne)
- bon (bonne) / mauvais (mauvaise)
- beau (belle) - joli (jolie)
- intéressant (intéressante) - utile
- facile / difficile

**NB :** Place de l'adjectif :
- une jolie fille (adjectif court)
- un passeport européen (adjectif long)

**1** Placez et accordez l'adjectif.

- une chanteuse *(joli)* → une jolie chanteuse
- un écrivain *(intéressant)* →
- une vendeuse *(nouveau)* →
- un café *(mauvais)* →
- une voiture *(petit)* →

**2** Mettez les groupes suivants au pluriel.

- la grande ville → les grandes villes
- le beau livre →
- un exercice utile →
- un nouveau professeur →
- une histoire intéressante →

**3** Comment les aimez-vous ?

- les livres : beaux, intéressants, *etc.*
- les voitures : ...
- les appartements : ...
- les vêtements : ...
- les amis : ...
*etc.*

## ■ Demander/Répondre

- Je voudrais un livre.
- Je cherche...
- Vous avez... ? Est-ce que vous avez... ?
- Il y a... ? Est-ce qu'il y a... ?

- Oui, j'ai... on a... nous avons... il y a...
- Non, je n'ai pas... on n'a pas... nous n'avons pas... il n'y a pas (de)...

**4** Jeux de rôles. Rédigez ou jouez les dialogues.
**a)** Continuez le dialogue A *(p. 14)* entre Vincent et Margot : « On écoute un disque ? ... »

**b)** Écoutez. Margot, Vincent, Renaud et Patrick sont au café. Notez les commandes des quatre personnages.

- café
- thé
- bière
- Coca
- jus de fruit
- orange pressée
- citron pressé
- Orangina
- menthe à l'eau

**c)** Demandez les choses nécessaires :

- à la bibliothèque
- dans une librairie
- dans une papeterie
- à votre voisin(e)

- Recherchez d'autres objets nécessaires à la vie de la classe et à vos études de français.

## COURS DE FRANÇAIS
### Matériel nécessaire
**Pour le cours de langue**
- un livre de l'élève
- un cahier d'exercices
- une grammaire
- un dictionnaire

**Pour le cours de littérature**
- *L'Avare* (Molière)
- *Les Misérables* (Victor Hugo)

**Et...**
- un crayon • un stylo • du papier

---

## ■ Demander une information

| savoir | | comprendre | |
|---|---|---|---|
| je | sais | je | comprends |
| tu | sais | tu | comprends |
| il/elle | sait | il/elle | comprend |
| nous | savons | nous | comprenons |
| vous | savez | vous | comprenez |
| ils/elles | savent | ils/elles | comprennent |

**Je sais**
- parler français, écrire
- comment elle s'appelle

**Je connais**
- M. Blanc
- la France
- le nom du chanteur

---

**5** Complétez avec *savoir, connaître, comprendre*.

- Est-ce que vous ... la Chine ?
- Est-ce que vous ... le chinois ?
- Est-ce que vous ... des Chinois ?
- Est-ce que vous ... le mot 木 ?
- Est-ce que vous ... comment s'appelle le président de la Chine ?

**6** Rédigez cinq vœux.

- Je voudrais avoir une belle voiture ...
- Je voudrais être un chanteur célèbre ...
- Je voudrais connaître ...
- Je voudrais parler ...
- Je voudrais habiter ...
*etc.*

---

## Prononciation

### Les sons [i] - [y] - [u]

**1** Écoutez et répétez.

six - su - sous

...

**2** Répétez ces questions.

Tu habites à Paris ?

...

**3** Écoutez et répétez ce texte.

Dis-moi tout
D'où es-tu ?
– D'Honolulu

Dis-moi tout
Où habites-tu ?
– Dans la rue du musée

Dis-moi tout
Qui es-tu ?
– La Vénus du musée

# ACHETER

### ■ L'argent

• En France, il y a des billets de 500 francs, de 200 F, de 100 F, de 50 F et de 20 F.

• Il y a des pièces de 20 F, de 10 F, de 5 F, de 1 F, de 50 centimes, de 20 c, de 10 c et de 5 c.

### ■ Combien ?

• Combien d'élèves il y a dans la classe ?
• Combien coûte un ticket de métro ?
• Combien ça coûte ? - C'est combien ?
• Combien ça fait ? - Ça fait combien ?

**1** Observez les six photos de la page suivante. Quelle image correspond aux phrases suivantes ?

**a)** Qu'est-ce qu'ils achètent ?
Ils achètent : • un vêtement.
  • un livre.
  • un ticket de métro (ou un carnet).
  • un sandwich.
Ils paient un repas.
Ils changent de l'argent.

**b) Comment ils paient ?**
• en espèces (avec des billets, avec des pièces)
• par carte bancaire (carte bleue, etc.)
• par chèque

**c) Combien ils paient ?**
15 F - 44 F - 120 F
350 F - 800 F - $ 100

**d) Comment ils demandent le prix ?**
« Je voudrais changer des dollars. »
« L'addition, s'il vous plaît ! »
« Combien ça fait ? »
« Combien coûte ... ? »
« C'est combien ? »

**e) ... et aussi**
« On partage ! »
« Faites votre numéro de code ! »
« Vous avez la monnaie ? »
« Vous avez une pièce d'identité ? »
« C'est cher ! »
« C'est gratuit. »

**2** • Imaginez les dialogues correspondant aux photos de la page suivante et jouez les scènes.
• Imaginez et jouez d'autres scènes d'achat (des fleurs, un parfum, une cravate, etc.).

① 

② 

③ 

④ 

⑤ 

⑥

# Vive la liberté !

Fin janvier

Paris le 25 Janvier
Chère Margot,
En février, je vais
au Salon de la BD
à Angoulême avec
des amis.
Est-ce que tu voudrais
venir avec nous ?

Margot,
J'ai quinze jours
de vacances du 5 au 20
février. Je vais faire
de la marche en Provence
avec des amis.
Nous cherchons une
fille sympa, sportive
et bonne cuisinière.
C'est toi !
Tu viens ?

Chère Margot,
Du 10 au 20 février
je fais un stage
de nature et santé
en Bourgogne.
Es-tu intéressée ?
Voudrais-tu venir
avec moi ?

*Dans une salle de sport à Orléans.*

**Carine :** Alors, tu vas en Provence avec Renaud ?

**Margot :** Certainement pas. J'aime beaucoup la Provence et la marche, mais Renaud n'est pas très sympathique.

**Carine :** Et Patrick ? Il est gentil, lui.

**Margot :** Il est très gentil. Mais tu vois, moi, j'aime aller à la piscine, j'aime faire du ski... Lui, il est intéressé par la bande dessinée. C'est tout.

**Carine :** Va en Bourgogne avec Vincent ! Il adore la nature.

**Margot :** Alors là, tu vois, aller en Bourgogne pour faire un régime végétarien, je ne peux pas. J'ai horreur de ça !

Orléans, le 2 février

Cher Patrick,

Je suis vraiment désolée, mais je ne peux pas venir avec toi à Angoulême du 20 au 27 février. Du 20 au 24 je dois travailler. Après, j'ai quatre jours de congés et je veux faire du sport. Je vais faire du ski à La Plagne avec "Vacances pour tous".

Merci beaucoup pour l'invitation.

Bon Salon de la B.D. !

Bises. Margot

## *Les actions*

### ■ Aller - venir - faire

Qu'est-ce que tu fais demain ?

Je vais à Nice.

Allô, Jean ? Demain, je viens à Nice.

Marie ! Pierre vient demain.

| aller | | venir | |
|---|---|---|---|
| je vais | à Paris, **en** France | je | viens |
| tu vas | **au** Portugal, **aux** États-Unis | tu | viens |
| il/elle va | **en** Bretagne | il/elle | vient |
| nous allons | **au** cinéma, **à la** piscine, **à l'**hôtel, **aux** toilettes | nous | venons |
| vous allez | **chez** toi, **chez** le médecin | vous | venez |
| ils/elles vont | | ils/elles | viennent |

**1** Complétez avec *aller, venir* ou *faire* à la forme qui convient.

« Qu'est-ce que tu ... dimanche ?
– Je ... au Bois de Boulogne avec Margot. Nous allons ... du vélo. Tu ... avec nous ?
– Non, je travaille. Mais le soir, je ... au cinéma. Et vous, qu'est-ce que vous ... ? Vous ... ?
– Non, nous ... au théâtre. »

| faire | | |
|---|---|---|
| je | fais | un exercice |
| tu | fais | du sport |
| il/elle | fait | (du vélo, |
| nous | faisons | de la marche) |
| vous | faites | |
| ils/elles | font | de la musique |

**2** Complétez avec une préposition (*à, en*, etc.).

« Pour moi, la vie n'est pas chère. Je n'habite pas ... Paris. J'habite ... province, ... Bourgogne, ... un ami. Je vais ... cinéma le lundi, ce n'est pas cher. Je vais ... musée le dimanche. C'est gratuit. Je voyage aussi à l'étranger, ... Inde ou ... Amérique du Sud. »

**3** Préparez et jouez des scènes d'invitation sur le modèle de l'exercice 1.

Faites des projets de week-end, de sortie le soir, de vacances.

Nous allons ... Vous venez ?

Oui, ...

Non, je vais ...

Qu'est-ce qu'on fait dimanche ?

On va ...

## ■ Interroger

- •Vous allez à Paris ?
  **Est-ce que** vous allez à Paris ?
  Allez-vous à Paris ?

- • **Qu'est-ce que** vous faites ?
  **Que** faites-vous ?

- • **Qui** vient avec vous ?

- • **Où** allez-vous ?

- •**Quand** allez-vous à Paris ?

**4**   **Deux amis dialoguent. Complétez avec les questions.**

**a)** – Je vais au Portugal.
  • ... ?
  – En avril.
  • ... ?
  – Marie et Jean.

**b)** • ... ?
  – En décembre, je vais faire du ski.
  • ... ?
  – À Val-d'Isère.

## ■ Les pronoms

| je | tu | il | elle | nous | vous | ils | elles |
|----|----|----|------|------|------|-----|-------|
| moi | toi | lui | elle | nous | vous | eux | elles |

Moi, j'aime le sport, et **toi** ?

Tu vas avec **elle** ou avec **eux** ?

**5**   **Complétez avec un pronom (*moi, toi,* etc.).**

• Je vais au cinéma. Ils vont voir un match de football. Tu viens avec ... ou tu vas avec ... ?

• Je connais Renaud. Je travaille avec ... . Il aime bien Margot. Il va au concert avec ... .

• Nous allons à la campagne dimanche. Vous venez avec ... ?

## Entraînez-vous

**1. Répondez *non*.**

• Vous allez au cinéma, samedi ?
  – Non, je ne vais pas au cinéma.
• Vous allez au théâtre ?
  – ...

**2. Répondez à ces questions sur l'histoire de Margot.**

• Est-ce que Margot habite à Paris ?
  – Non, elle n'habite pas à Paris.
• Où est-ce qu'elle habite ?
  – ...

**3. Vous ne comprenez pas la fin de la phrase. Demandez de répéter comme dans l'exemple.**

Je cherche *Margot.* → Qui cherchez-vous ?
Je vais à *Orléans.* → Où ...
Je vais à Orléans *lundi.* → ...
J'achète *des fleurs.* → ...
Des fleurs pour *Margot.* → ...

# Les loisirs

## ■ Les loisirs

• **Les spectacles** : le cinéma - le théâtre - la chanson - le rock - le jazz - la musique classique - la danse - un film - une pièce (de théâtre) - un concert.

• **Les sports** : le football - le tennis - le ski - le vélo - la marche - la natation.

• **Les loisirs à la maison** : la télévision - la radio.

• **Les activités** : faire du ski, de la natation - jouer au tennis, au football - aller au cinéma, à la montagne, à la mer - regarder un film - voir une exposition, un musée - lire (la lecture) - voyager (le voyage) - danser (la danse).

| voir | | lire | |
|------|------|------|------|
| je | vois | je | lis |
| tu | vois | tu | lis |
| il/elle | voit | il/elle | lit |
| nous | voyons | nous | lisons |
| vous | voyez | vous | lisez |
| ils/elles | voient | ils/elles | lisent |

**1** Observez les appartements de Renaud, Patrick et Vincent *(p. 22)*. Quels sont leurs loisirs ?

• Renaud aime le rock.　　• Il fait du football.　　• Il écoute la radio.

...

## ■ Les goûts et les préférences

| | | | |
|---|---|---|---|
| + + + + | j'adore | – | je n'aime pas beaucoup |
| + + + | j'aime beaucoup | – – | je n'aime pas |
| + + | j'aime bien | – – – | je n'aime pas du tout |
| + | je suis intéressé(e) par... | – – – – | j'ai horreur de... je déteste |

Qu'est-ce que vous préférez : le cinéma ou la télévision ?

Le cinéma

Moi, ça m'est égal.

**Quel** film ?

**Quelle** pièce ?

**Quels** films ?

**Quelles** pièces ?

Quel film préférez-vous ?

**2** Écoutez. Renaud, Patrick et Vincent parlent de leurs goûts. Complétez et précisez les listes de l'exercice 1.

Renaud aime beaucoup le rock.

**3** Interrogez votre voisin(e).

• Qu'est-ce que vous faites le soir ? les week-ends?
• Est-ce que vous aimez faire du sport ?
• Quel sport préférez-vous ?

**4** Les nouveaux goûts.

• Aimez-vous ces activités ?

• Faites en petits groupes les listes des cinq sports
des cinq spectacles
des cinq chanteurs ou chanteuses } que vous préférez.

*On adore les sports dangereux comme le saut à l'élastique.*

*Les jeunes aiment danser sur la musique « techno ». D'autres préfèrent la musique « rap ».*

*Les enfants mais aussi les adultes aiment les jeux : les jeux à la télévision, les jeux vidéo, etc.*

## Prononciation

**1** Discrimination. Cochez le son que vous entendez.

| [ʃ] ch | [ʒ] j - g | [z] s - z | [s] s |
|---|---|---|---|
| Chez Pierre | | | |

**2** Écoutez ces phrases. Cochez le verbe que vous entendez.

| avoir | savoir | aller | être |
|---|---|---|---|
| | X | | |

• Réécoutez les phrases et répétez.

**3** Le libraire fait son inventaire. Retrouvez le titre. Indiquez le nombre de livres par titre.

• Gens d'aujourd'hui ...
• Chanteur de charme ...
• Cher Charles ...
• Chez Charles ...
• Chez Jean ...
• J'ai changé ...
• Bonjour chérie ...

# INVITATIONS ET SORTIES

## ■ Les spectacles

**1**  Classez les spectacles de cette page dans les rubriques de *L'Officiel des spectacles*.

- cinéma
- concerts
- expositions
- théâtre
- opéra
- variétés
- sport

### BOEING-BOEING

*Marc CAMOLETTI*

*Un garçon amoureux
de trois hôtesses de l'air*

**Théâtre Michel**, 38 rue des Mathurins (8ᵉ)

### Bleu

un film de K. KIESLOWSKI

**Juliette BINOCHE**

*Une femme commence une nouvelle vie*
Montparnasse, 74 bd du Montparnasse (14ᵉ)

### La reine Margot

Un film de **Patrice CHÉREAU**
Isabelle ADJANI • Daniel AUTEUIL

*Au XVIᵉ siècle, le mariage de la fille
de Catherine de Médicis
avec le futur roi Henri IV*

**UGC Triomphe** • 92 Champs-Élysées (8ᵉ)

### ❊ Les palmes ❊ de Monsieur Schutz

*L'histoire de Pierre et Marie Curie.
Une comédie scientifique.*

**Mathurins** • 36 rue des Mathurins (8ᵉ)

### Orchestre Régional d'Ile-de-France

## VIVALDI

**MOZART • ALBINONI**

Église Saint-Julien-le-Pauvre (5ᵉ)

*L'humour de la vie quotidienne*

**Olympia** • 28 bd des Capucines (9ᵉ)

### Grand Palais

*Nicolas Poussin
(1594–1665)*
Dessins et tableaux

**Grand Palais** • av. Eisenhower (8ᵉ)

### Roméo et Juliette

*C.* GOUNOD
*avec Roberto* ALAGNA *et Leontina* VADUVA

*L'éternelle histoire des enfants
des Montaigu et des Capulet*

**Opéra-Comique** • 5 rue Favard (2ᵉ)

**2**  Composez en groupe un programme de spectacles pour votre ville ou votre quartier.

Pour chaque spectacle, indiquez :

- le titre
- le lieu
- le sujet
  (par une courte phrase)
- le type de spectacle
- la date

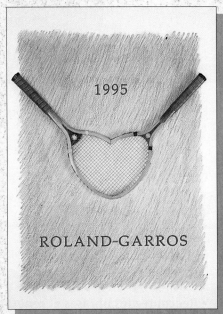

## ■ Inviter – accepter – refuser

| vouloir | | pouvoir | | devoir | |
|---|---|---|---|---|---|
| je | veux | je | peux | je | dois |
| tu | veux | tu | peux | tu | dois |
| il/elle | veut | il/elle | peut | il/elle | doit |
| nous | voulons | nous | pouvons | nous | devons |
| vous | voulez | vous | pouvez | vous | devez |
| ils/elles | veulent | ils/elles | peuvent | ils/elles | doivent |

Dimanche je vais à la Comédie-Française. Vous voulez venir ?

Oui, je veux bien, merci.

Excusez-moi. Je ne peux pas. Je dois travailler.

**3** Rédigez de brefs dialogues sur le modèle ci-dessus, en suivant les indications du tableau.

| Invitation à... | Acceptation ou refus | Excuse |
|---|---|---|
| faire du ski le week-end | non | journée en famille |
| aller au théâtre | oui | |
| aller en week-end à Nice | non | n'aime pas la mer |

**4** Rédigez une invitation sur le modèle de la lettre de Patrick *(p. 22)*.
• Proposez à des amis de partir en vacances avec vous.
• Vous habitez à Paris. Invitez un(e) ami(e) à un spectacle.

**5** Répondez à ces invitations.

**a)** Acceptez.

Cher...
Le 6 mars,
c'est mon anniversaire.
Est-ce que tu peux venir dîner avec nous ?

**b)** Excusez-vous.

Chère...
Pour les vacances de Noël, nous allons à Val d'Isère faire du ski.
Est-ce que vous voulez venir, trois ou quatre jours ?

# RENCONTRES AU CINÉMA

**L'AMI DE MON AMIE** (film d'Eric Rohmer, 1987)

*Blanche travaille à la mairie de Cergy-Pontoise, dans la banlieue de Paris. Un jour, à la cafétéria de la mairie, elle rencontre Léa, étudiante en informatique.*

**Léa :** Tu habites où ?

**Blanche :** À Saint-Christophe, au Belvédère.

**Léa :** Ah ! Dans ce grand machin ?

**Blanche :** Oui, oui.

**Léa :** Mais on est voisines ! Moi j'habite aux Lozères !

**Blanche :** Ah bon !? Vous êtes à Cergy-Village ?

**Léa :** Oui, c'est ça !

*Léa habite avec Fabien, un dessinateur. Elle présente Fabien à Blanche.*

*Fabien a un ami, Alexandre, un ingénieur.*
*Alexandre rencontre Blanche et Léa.*
*Et après les trente premières minutes du film,*
*Léa aime Fabien,*
*Fabien aime Blanche,*
*Blanche s'intéresse à Alexandre,*
*Alexandre s'intéresse à Léa.*

**1** Imaginez les trois scènes de rencontre.

**2** Imaginez la fin du film.

**LES VISITEURS** (film de Jean-Marie Poiré, 1993)
*Deux hommes du Moyen Âge voyagent dans le temps.*

**3** Imaginez les questions qu'ils se posent et les questions qu'ils posent aux hommes du XX$^e$ siècle.

« Qu'est-ce que c'est ? Un dragon ? »

## 1 Conjugaison des verbes au présent

**Mettez les verbes à la forme qui convient.**

• Samedi soir, je *(aller)* voir le nouveau film de Beinex avec Martine. Vous *(venir)* avec nous ?
– Non, nous ne *(pouvoir)* pas. Sylvie *(aller)* chez une amie et moi, je *(devoir)* travailler.
• Maria ne *(comprendre)* pas le français mais elle *(vouloir)* aller au concert de Johnny Halliday.
• Margot et Carine *(faire)* beaucoup de ski. Et toi, tu *(aimer)* le ski ?

## 2 Les articles

**Complétez avec un article indéfini, défini ou contracté.**

• Paris est ... capitale de la France. C'est ... grande ville.
• Margot fait ... sport. Elle aime beaucoup ... ski. Mais elle aime aussi aller au cinéma ou lire ... bon livre.
• Vous connaissez ... date ... concert de Renaud ?
• Vous avez ... appartement à Paris ?
– Non, j'habite chez ... amis, dans ... Quartier latin.

## 3 L'interrogation

**Lisez les réponses. Touvez les questions.**

• ... ? – Catherine Duparc.
• ... ? – J'habite à Paris.
• ... ? – Je suis professeur.
• ... ? – Je travaille au lycée Pasteur.
• ... ? – J'ai 4 classes de 40 élèves.

## 4 La négation

**Complétez la réponse.**

• Charles aime le tennis ? – Non, ...
• Il fait du ski ? – Non, ...
• Il aime lire ? – Non, ...
• Il a des bandes dessinées ? – Non, ...
• Mais alors, qu'est-ce qu'il aime ? La musique ?
– Non, ...

## 5 Les prépositions de lieu

**Complétez.**

• Sarah habite ... États-Unis, ... New York.
• Je suis allé ... le médecin et ... l'hôpital.
• ... Madrid, ... Espagne, ... musée du Prado, on peut voir des tableaux du Greco.
• Venez ... nous, ... Provence ! Nous habitons ... un joli petit village.

## 6 Saluer

**Que disent-ils ? Choisissez la bonne formule pour chaque situation.**

**8.00**

• Salut
• Bonjour, monsieur
• Bonjour, madame

**12.00**

• Ça va ?
• Bonjour, Martine
• Au revoir, Martine

**20.00**

• Au revoir
• Bonsoir
• Bonne nuit

**21.00**

• Bonsoir
• À bientôt
• Bonne nuit

**23.00**

• Salut
• Bonjour
• À bientôt, madame

## 7 Situations d'achat
**Complétez le dialogue avec des verbes.**

**Dans une librairie.**

**Le client :** Bonjour, madame, je … un dictionnaire d'anglais.

**La vendeuse :** Vous … un dictionnaire unilingue ?

**Le client :** Non, je … un dictionnaire bilingue.

**La vendeuse :** Nous avons le *Robert et Collins*.

**Le client :** Il … combien ?

**La vendeuse :** 245 francs.

**Le client :** Je peux … avec une carte de crédit ?

**La vendeuse :** Mais bien sûr, monsieur.

---

## 8 Masculin et féminin
**Complétez comme dans l'exemple.**

Il est français. Elle est française.

**1.** Il est espagnol. Elle est … .

**2.** Il est … . Elle est italienne.

**3.** Il est chanteur. Elle est … .

---

## 9 Les professions
**À quelles professions pensez-vous ? Trouvez deux professions par dessin.**

## 10 Parler de ses goûts
**Faites-la parler comme dans l'exemple.**

- lire (+++)
- *romans de Balzac* (++++)
- *cinéma* (+)
- *musées, expositions* (++)
- *sports* (−)
- *marche en montagne* (− − −)

« J'aime beaucoup lire … . »

---

## 11 Inviter – Répondre à une invitation
**Que dites-vous ? Qu'écrivez-vous ? pour :**

**a)** inviter par écrit des amis à dîner chez vous.

**b)** accepter au téléphone l'invitation d'une amie à aller au cinéma.

**c)** refuser l'invitation de deux amis à faire un voyage en Afrique.

---

## 12 TEST CULTUREL
**Répondez par oui ou non.**

**1.** Isabelle Adjani est une comédienne française ?

**2.** Orléans est une très grande ville ?

**3.** Pour faire un trajet en métro, on achète un billet ?

**4.** Il y a un grand salon de la bande dessinée à Angoulême ?

**5.** La Plagne est une station de ski des Alpes ?

**6.** Le Louvre est une bibliothèque ?

**7.** Le Centre Georges-Pompidou est un musée d'art moderne ?

**8.** Patricia Kaas est une chanteuse allemande ?

**9.** Pierre et Marie Curie sont de grands scientifiques ?

**10.** Le TGV est un train rapide ?

# U NITÉ 2

## COMPRENDRE ET S'EXPRIMER

• Demander et donner des informations sur l'emploi du temps, la biographie, la carrière professionnelle.
• Situer dans le temps et dans l'espace.
• S'orienter.
• Exprimer l'accord ou le désaccord, le doute ou la certitude.

## DÉCOUVRIR

• Une famille dans ses activités quotidiennes et sa vie professionnelle.
• Trois grandes villes : Marseille, Toulouse, Lille.
• Les fêtes et les célébrations.

# L'heure, c'est l'heure

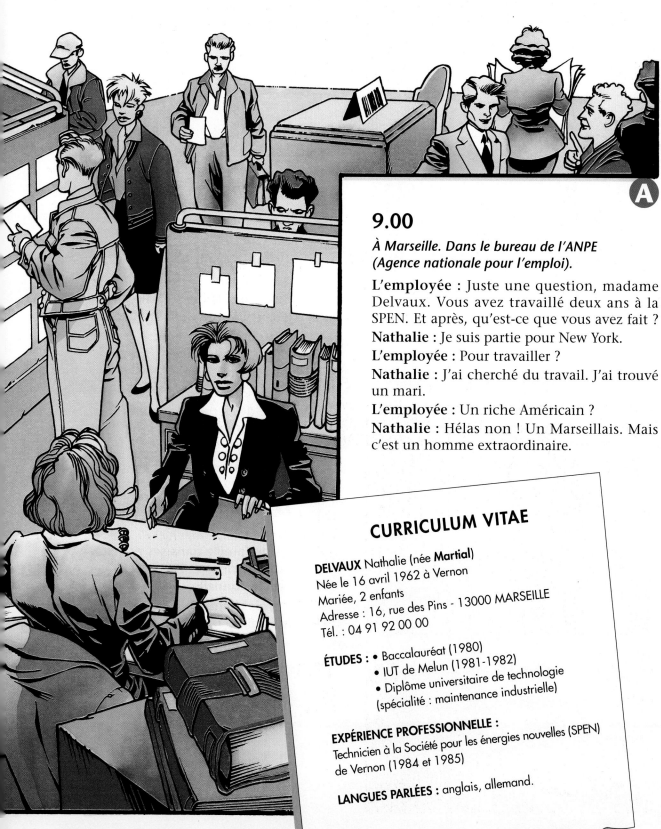

**A**

## 9.00

*À Marseille. Dans le bureau de l'ANPE (Agence nationale pour l'emploi).*

**L'employée :** Juste une question, madame Delvaux. Vous avez travaillé deux ans à la SPEN. Et après, qu'est-ce que vous avez fait ?
**Nathalie :** Je suis partie pour New York.
**L'employée :** Pour travailler ?
**Nathalie :** J'ai cherché du travail. J'ai trouvé un mari.
**L'employée :** Un riche Américain ?
**Nathalie :** Hélas non ! Un Marseillais. Mais c'est un homme extraordinaire.

## CURRICULUM VITAE

**DELVAUX** Nathalie (née **Martial**)
Née le 16 avril 1962 à Vernon
Mariée, 2 enfants
Adresse : 16, rue des Pins - 13000 MARSEILLE
Tél. : 04 91 92 00 00

**ÉTUDES :** • Baccalauréat (1980)
• IUT de Melun (1981-1982)
• Diplôme universitaire de technologie
(spécialité : maintenance industrielle)

**EXPÉRIENCE PROFESSIONNELLE :**
Technicien à la Société pour les énergies nouvelles (SPEN) de Vernon (1984 et 1985)

**LANGUES PARLÉES :** anglais, allemand.

## 11.45

**L'employé :** Désolé, madame. C'est fermé.
**Nathalie :** Mais quelle heure est-il ? Il n'est pas midi moins le quart ?
**L'employé :** Si, mais le matin, les bureaux sont ouverts de huit heures à midi moins le quart.

## 13.45

**Nathalie :** Excusez-moi. Je suis en retard.
**Le directeur :** Attention ! La classe commence à une heure et demie...
**Nathalie :** Je sais. Je sais.
**Le directeur :** ... et elle finit à quatre heures et demie !
**Nathalie :** Je sais. Je sais.

## 16.45

**La gardienne :** Vous avez vu ? Ils ont tagué la porte !
**Nathalie :** C'est vraiment un scandale. Quelle ville ! Les jeunes, la circulation, le bruit... C'est insupportable !
**La gardienne :** Allons, madame Delvaux, qu'est-ce que vous avez aujourd'hui ? Vous regrettez la Normandie ? Vous n'êtes pas bien à Marseille ?
**Nathalie :** Si, mais voyez-vous, aujourd'hui, je suis un peu fatiguée.

## 17.00

**Le répondeur :** Bonjour, Nathalie. C'est Cathy. Écoute, tu cherches du travail... Eh bien, il y a un poste pour toi ici, à la SPEN de Vernon.

# L'événement passé

## ■ Le passé composé

| Cas général avoir + participe passé | | | |
|---|---|---|---|
| en 1983 | j' | ai | travaillé |
| | tu | as | travaillé |
| le 25 juillet | il/elle | a | travaillé |
| hier | nous | avons | travaillé |
| | vous | avez | travaillé |
| avant-hier | ils/elles | ont | travaillé |

| Cas des verbes : aller, venir, partir, arriver, rester, etc. être + participe passé | | |
|---|---|---|
| je | suis | parti(e) |
| tu | es | parti(e) |
| il/elle | est | parti(e) |
| nous | sommes | parti(e)s |
| vous | êtes | parti(e)(s) |
| ils/elles | sont | parti(e)s |

• Vous avez travaillé ?
  Est-ce que vous avez travaillé ?
  – Non, je n'ai pas travaillé.

• Il est parti ?
  Est-ce qu'il est parti ?
  – Non, il n'est pas parti.

## ■ Pour trouver une conjugaison

### ● Au présent

• **Verbes en -er réguliers :**
se conjuguent comme *aimer* (sauf *aller*).

• **Autres verbes :** *voir les tableaux pages 182 à
187.* À partir de maintenant, les verbes irréguliers sont donnés avec un numéro.
*Exemple :* **Partir** ⑫ → chercher le verbe *partir*,
*page 185.*

### ● Participe passé

• **Verbes en -er réguliers :** participes passés
en *-é.* Chanter → **chanté.**
• **Autres verbes :** *voir liste, page 182.*

### ● Quelques participes passés irréguliers

voir → **vu**       partir → **parti**
lire → **lu**      sortir → **sorti**
entendre → **entendu**      dire → **dit**
connaître → **connu**      faire → **fait**
venir → **venu**      être → **été**
avoir → **eu**

Je suis venu
J'ai vu
J'ai vaincu

*Attention !* Orthographe du participe passé avec *être* :
comme un adjectif.
*Elles sont venues.*

---

**1**   Lisez et complétez le curriculum vitae de Nathalie Delvaux *(p. 34).*

**Nathalie :** « *Je suis née le 16 avril 1962 à Vernon. De 1977 à 1980, je suis allée au lycée de Vernon. J'ai eu le baccalauréat en 1980. Après, je suis allée à l'IUT de Melun. J'ai fait deux ans d'études et j'ai eu le diplôme universitaire de technologie en 1982. Après, je suis allée un an à Munich pour apprendre l'allemand. Puis j'ai travaillé deux ans à la SPEN de Vernon. Après, en 1986, je suis partie pour New York. J'ai étudié l'anglais et j'ai cherché du travail. J'ai rencontré Gérard Delvaux, attaché à l'ambassade de France en 1987. Nous sommes partis pour Marseille en 1988 et nous nous sommes mariés. J'ai eu deux enfants : Damien, en 1990, et Charlotte, en 1991.* »

**2** Mettez les verbes au passé composé.

• Qu'est-ce que vous *(faire)* en août ?
– J' *(voyager)*. Je *(aller)* en Espagne.
• Qu'est ce que vous *(voir)* ?
– Grenade, Séville et Cordoue.
• Vous *(voir)* l'Alhambra ?
Vous *(faire)* des photos ?
Vous *(aimer)* la cuisine espagnole ?

**3** Interrogez votre voisin(e) sur ses activités...

• d'hier soir
• du week-end passé
• des vacances passées

▲ *Le ballon d'Alsace (1 250 m).*

**4** Souvenirs de vacances en Alsace. En août, M. et Mme Delvaux sont allés quatre jours en Alsace. Imaginez et racontez leur voyage.

« Ils sont partis le... Ils sont allés à... »

### La Route des vins

### RESTAURANT L'ALSACE GOURMANDE

### ✝✝ Hôtel Munster
2 chambres doubles 250 x 2   500 F
4 petits déjeuners      20 x 4    80 F

▼ *Nid de cigogne.*

◄ *Fête folklorique ancienne.*

### Musée de l'Automobile Mulhouse
### 20 F

▼ *Colmar, la ville ancienne.*

---

## Entraînez-vous

Il est allé en France. On l'interroge. Faites-le parler.

**1. Il répond *oui*.**

• Vous avez vu la tour Eiffel ?
– Oui, j'ai vu la tour Eiffel.

**2. Il répond *non*.**

• Vous êtes allé à Marseille ?
– Non, je ne suis pas allé à Marseille.

# Situation dans le temps

■ **Quelle heure est-il ? Il est...**

| | |
|---|---|
| **10.00** • dix heures (du matin) | **22.00** • dix heures (du soir)<br>• vingt-deux heures |
| **10.15** • dix heures et quart<br>• dix heures quinze (minutes) | **22.10** • dix heures dix (du soir)<br>• vingt-deux heures dix |
| **10.30** • dix heures et demie<br>• dix heures trente | **22.50** • onze heures moins dix (du soir)<br>• vingt-deux heures cinquante |
| **10.45** • onze heures moins le quart<br>• dix heures quarante-cinq | **00.00** • minuit<br>• zéro heure |
| **12.00** • midi<br>• douze heures | |

• être ⎫
• arriver ⎬ en avance
• partir ⎭ à l'heure
          en retard

• commencer
• finir ⑩

*Je suis en avance ou en retard ?*

■ **La journée**

● **Le moment de la journée**

Le matin – L'après-midi
Le soir – La nuit

← avant-hier ← hier **aujourd'hui** → demain → après-demain

---

**1** **DIRE L'HEURE**

**a)** Quelle heure est-il en France ?

$\boxed{11.45}$ - $\boxed{17.15}$ - $\boxed{00.40}$ - $\boxed{22.35}$ - $\boxed{08.30}$ - $\boxed{15.58}$

**b) Quelle heure est-il dans ces villes quand, en France, il est 11 h 45 ? 0 h 30 ?**

*Exemple :* quand, en France, il est midi moins le quart, à Tokyo il est huit heures moins le quart du soir.

• Tokyo (hf + 8)        • Moscou (hf + 2)
• Montréal (hf − 6)     • New Delhi (hf + 4.30)

(hf = heure française - Décalage horaire
donné à partir de l'heure d'hiver en France)

**2** 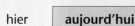 **Écoutez. Ils téléphonent pour demander des renseignements.**

**a)** à la gare
**b)** au musée de Montpellier
**c)** à l'université de Montpellier

• **Notez ces renseignements.**
*« Il y a un TGV pour Montpellier, le matin, à ...*
*Le musée est ouvert de ... à ... »*

**3** Observez l'horaire ci-contre. Complétez avec l'heure ou avec un verbe.

• Le TGV 856 part de Montpellier à ... . Il arrive à Paris à ...

• Le train 58127 ... de Béziers à 12 h 21. Il ... à Avignon à 14 h 09.

• Un TGV ... à Paris à 17 h 02. Il ... de Lyon.

• Le TGV 576 ... d'Avignon à 14 h 22. Il ... à l'aéroport Satolas de Lyon. Il fait Avignon-Satolas en ... heures ... minutes.

| Numéro de train TGV | | 856 28 | 58127/6 22 | 622 19 | 576/7 42 |
|---|---|---|---|---|---|
| Béziers | D | | | | |
| Agde | D | | 12.21 | | |
| Sète | D | | 12.34 | | |
| Montpellier | D | | 12.48 | | |
| Nîmes | D | 12.30 | 13.07 | | |
| Tarascon-sur-Rhône | D | 12.59 | 13.41 | | |
| Avignon | D / A | \| | 13.56 | | 14.22 |
| Valence ville | A | \| | 14.09 | | 15.17 |
| Lyon-Perrache | A | 14.21 | | | |
| Lyon-Part-Dieu | A | \| | | 14.49 | \| |
| Satolas TGV | A | \| | 14.56 | | \| |
| Dijon-Ville | A | \| | | \| | 15.50 |
| Paris-Gare-de-Lyon | A | 16.49 | | \| | |
| | | | | 17.02 | |

**4** Préparez et jouez les scènes. Utilisez le vocabulaire du tableau de la page 38.

Bureaux ouverts
de 8 h 45 à 12 h 30
et de 14 h à 17 h 30.

« Désolé, les bureaux sont fermés. »

ORAL DE FRANÇAIS
14 h      Pierre Durand
14 h 30 Marie Raymond
15 h      Isabelle Blanc
15 h 30 Vincent Duparc

« Vous êtes en retard, mademoiselle ! »

**Palais de Bercy**
Johnny HALLIDAY
150 F
Mardi 8 avril 1996
20 h 30

**5** Observez le curriculum vitae de Mme Delvaux *(page 34)*.

a) **Rédigez votre CV.**

• **Identité** *(voir fiche d'inscription, p. 11)* • **Études** ...
• **Diplômes** ... • **Stages** ... • **Langues parlées** ...
• **Séjours à l'étranger** ... • **Expérience professionnelle :** emplois ou postes occupés ...

b) **Présentez oralement votre CV.**

*J'ai fait des études à ...*
*J'ai étudié le ...*
*J'ai eu ...*
*J'ai travaillé à ...*

## Prononciation

### Les sons [œ] - [ɛ] - [ɔ]

**1** **Dans quel ordre entendez-vous les trois mots ?**

**a)** l'air - l'heure - l'or      **b)** sel - seul - sol

**c)** mer - meurs - mort    **d)** Caire - cœur - corps

*Exemple :* 1. l'heure - 2. l'air - 3. l'or

**2** **Ils demandent ou donnent l'heure. Répétez.**

• Vous avez l'heure ?
– Il est six heures neuf.  [...]

### Le son [y]

**Répétez.**

Philosophie

J'ai tout lu.
J'ai tout vu.
J'ai tout connu.
J'ai tout entendu.
J'ai tout eu.
Et je suis... un peu perdu.

# TROIS CAPITALES RÉGIONALES

**1** Cherchez Marseille, Toulouse et Lille sur la carte de France *(p. 172)*.
• De quelles régions sont-elles les capitales ?
• Où sont situées ces régions : au nord, au sud, à l'est ou à l'ouest ?

**2** Identifiez les trois documents.
• une affiche
• un extrait de guide touristique
• un programme d'agence de voyages

**3** Cherchez dans les trois villes les lieux intéressants pour ces quatre personnes.

| | Lille | Marseille | Toulouse |
|---|---|---|---|
| **a.** Il est intéressé par l'histoire et par l'art. | | | |
| **b.** Elle aime les promenades et les lieux pittoresques. | | | |
| **c.** Il est intéressé par les choses modernes. | | | |
| **d.** Elle aime les spectacles et les lieux animés. | | | |

**4** Faites la liste des lieux intéressants d'une ville que vous aimez. Caractérisez chaque lieu par un adjectif ou par une courte phrase.
*Exemple :* « La tour de Londres : une ancienne prison. »

### ★★★ MARSEILLE
**(890 000 habitants)**

*À voir*
• **Le Vieux-Port :** l'ancien port de Marseille. Départ du bateau pour l'île du château d'If (ancienne prison).
• **La Canebière :** célèbre avenue. Grands magasins, cinémas, cafés et banques.
• **Le quartier du Panier :** vieilles maisons et rues en escaliers.
• **Le musée Cantini :** collections d'art moderne.
• **Notre-Dame de la Garde :** église du XIXe siècle.
• **Le quartier Belzunce :** le pittoresque et sympathique quartier de l'immigration. Petites boutiques et restaurants pas chers.

*Le Vieux-Port et Notre-Dame-de-la-Garde.*

## WEEK-END À LILLE

### pour la Grande Braderie

### Premier dimanche de septembre

**SAMEDI**
- **Matin :** promenades dans le vieux Lille - La vieille Bourse - L'ancien hôpital - maisons flamandes - La grande librairie "Le Furet du Nord" - Le musée des Beaux-Arts.

- **Après-midi :** Euralille, quartier des affaires ultra-moderne.

**DIMANCHE :** journée libre pour la Grande Braderie.

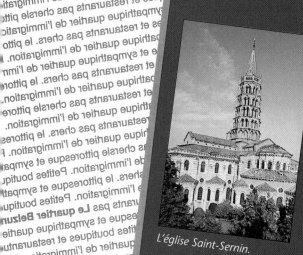

*La Grande Braderie.*

*Concours de moules.*

**5** Réalisez un document de présentation de la ville que vous aimez (affiche, extrait de guide touristique ou programme de voyages).

# TOULOUSE
## La ville rose

*Le Capitole.*

### Ville d'art et d'histoire

- Le centre-ville
- L'église Saint-Sernin
- Les hôtels des XVI$^e$ et XVII$^e$ siècles
- Le Capitole
- Les musées

*L'église Saint-Sernin.*

*Au bord de la Garonne.*

### Capitale culturelle, universitaire et industrielle du Sud-Ouest (360 000 h)

Université (70000 étudiants) • Ville du Concorde et de l'Airbus • Industries technologiques • Métro ultra-moderne • Expositions • Fêtes • Concerts au Capitole

# Elle va revoir sa Normandie

***Chez les Delvaux, à l'heure du petit déjeuner.***

**Nathalie :** Alors, j'accepte ce poste à Vernon ? Oui ou non ?

**Gérard :** Mais Nathalie, c'est impossible. Ici, j'ai mon travail à la préfecture.

**Nathalie :** Tu es fonctionnaire. Tu peux très bien demander un poste à Vernon.

**Gérard :** Nous avons notre appartement...

**Nathalie :** Il n'est pas à nous. Il est à ton père.

**Gérard :** Et tous nos amis ?

**Nathalie :** Tu veux dire tes amis... Bref, tu n'es pas d'accord ?

**Gérard :** Je ne dis pas ça. Mais regarde ce soleil... et cette mer... On n'est pas bien à Marseille ?

***Ce sont les vacances de Pâques. Les Delvaux sont en Normandie dans la famille de Nathalie.***

**Nathalie :** C'est par là. Traverse la Seine ! Prends la première route à droite et continue !

**Damien :** Où on va ?

**Nathalie :** Voir la maison de Monet.

**Damien :** C'est un ami de papa ?

**Gérard :** Non, mon chéri, papa a horreur des peintres impressionnistes.

**Nathalie :** N'écoutez pas votre père ! Monet est un grand peintre. Regardez comme c'est joli ! À gauche, vous avez la maison de Monet. À droite, le célèbre bassin des nymphéas...

**Gérard :** Et derrière la maison, le célèbre parking avec sa cafétéria et ses cars de touristes !

*La maison de Monet à Giverny.*

*Les falaises d'Étretat.*

***Toute la famille Delvaux est allée passer le dimanche à Étretat.***

**Gérard :** On fait une photo ?

**Nathalie :** C'est obligatoire. Il y a la mer et le soleil... comme à Marseille.

**Gérard :** Grand-père et grand-mère, venez ici au bord de la falaise !

**Le grand-père :** Au bord de la falaise ! Il veut l'héritage tout de suite !

**Gérard :** Damien, Charlotte, les petits cousins, venez ici devant les grands-parents. Mon beau-frère, ma belle-sœur et ma femme adorée, derrière. Oncle François, à côté de votre sœur ! Attention ! On regarde par ici ! On sourit...

Grand-père, avancez un peu !

**Le grand-père :** Il veut l'héritage, mais pas tout de suite.

# Les adjectifs possessifs et démonstratifs

■ Montrer - Préciser un moment

> Regardez ce soleil,
> cet après-midi magnifique,
> cette mer, ces bateaux !

**Les adjectifs démonstratifs**

|   | M | F |
|---|---|---|
| S | ce <br> cet (devant voyelle) | cette |
| P | ces | |

> Vous partez ce matin ?
> cet après-midi ?
> ce soir ?
> cette nuit ?

■ La possession

> À qui est ce livre ?

> Ah, c'est ton livre ?

> Il est à moi.

> Oui, c'est mon livre.

| Possesseur | Forme : <br> à + pronom <br> (avec les choses) | Masculin singulier <br> Féminin (devant <br> voyelle) | Féminin <br> singulier | Pluriel |
|---|---|---|---|---|
| j'ai... | c'est **à moi** | **mon** livre <br> **mon** amie | **ma** voiture | **mes** ami(e)s |
| tu as... | c'est **à toi** | **ton** livre <br> **ton** amie | **ta** voiture | **tes** ami(e)s |
| il a/elle a... | c'est **à lui** <br> c'est **à elle** | **son** livre <br> **son** amie | **sa** voiture | **ses** ami(e)s |
| nous avons... | c'est **à nous** | **notre** livre <br> **notre** amie | **notre** voiture | **nos** ami(e)s |
| vous avez... | c'est **à vous** | **votre** livre <br> **votre** amie | **votre** voiture | **vos** ami(e)s |
| ils ont/elles ont... | c'est **à eux** <br> c'est **à elles** | **leur** livre <br> **leur** amie | **leur** voiture | **leurs** ami(e)s |

**1** Complétez avec *ce, cet, cette, ces.*

La vue du haut de la tour Montparnasse.
« Regardez ... quartier ! Regardez ... petites rues !
C'est le quartier Saint-Germain-des-Prés.
... église, c'est Saint-Sulpice !
... boulevard, c'est le boulevard Montparnasse.
Et ... immeuble, là, c'est le magasin FNAC. »

**2**   Répondez comme dans le modèle.

• C'est l'appartement de M. et Mme Delvaux ?
– Oui, c'est **leur** appartement.

• C'est l'appartement de Margot ? ...
• C'est la voiture de M. et Mme Delvaux ? ...
• Ce sont les livres des enfants ? ...
• Monsieur et madame Delvaux, ce sont vos enfants ? …
• C'est votre livre, monsieur ? ...
• C'est la voiture de Pierre ? ...
• Monsieur et madame Delvaux, c'est votre appartement ? ...
• Madame Delvaux, c'est votre fils ? …

**3**   Complétez avec un adjectif possessif ou un pronom (à moi, à toi, etc.).

**a)** C'est **mon** passeport. Il est **à moi**.

• C'est ton journal. Il est ...
• C'est ... carte d'identité. Elle est à elle.
• C'est notre maison. Elle est ...
• C'est ... montre. Elle est à moi.
• C'est votre dictionnaire. Il est ...
• Ce sont ... skis. Ils sont à lui.
• C'est ... voiture. Elle est à eux.

**b)** C'est l'ami de Gérard. C'est ... ami.

• Ce sont les amis des enfants. Ce sont ... amis.
• Ce sont les professeurs de notre école. Ce sont ... professeurs.

**4**   Préparez et jouez les scènes.

**a)** Présentez votre classe à un étranger.
Votre voisin(e) joue l'étranger.

> Vous voyez cet homme...
> C'est notre professeur...
> Et cette affiche, c'est...

**b)** Elle a perdu son sac. Elle va au bureau des objets trouvés.

• **Préparez la scène.**
Dans le sac, il y a une montre, un agenda, un stylo, etc.
C'est un vieux sac. Il est grand, noir, etc.
Utilisez : perdre ⑱ - chercher - trouver.

• **Jouez la scène.**
« Bonjour, monsieur. J'ai perdu mon sac...
– Il est comment votre sac ? »

**c)** Elle range la maison. Ils cherchent leurs affaires.
• **Préparez la scène.**
Faites une liste d'objets personnels : un cahier, un livre, un portefeuille, etc.

• **Jouez la scène.**
*Elle :* À qui est ce livre ? Il est à toi, Michel ?
*Lui :* Non, il est à Patricia.
*Patricia :* Ah oui, c'est mon livre.

## Entraînez-vous

| C'est ... | |
| --- | --- |
| ... à vous | la montre - le stylo |
| ... à Gérard | les disques - le vélo |
| ... à Nathalie | les livres - le journal |
| ... aux enfants | le ballon - les jouets |

**1. Observez le tableau et répondez.**
• Cette montre, elle est à vous ?
 – Oui, elle est à moi. C'est ma montre.
• Ce stylo, il est à vous ?
 – Oui, ...

**2. Répondez à ces questions sur l'histoire de la famille Delvaux.**
• Nathalie est allée à New York ?
 – Oui, elle est allée à New York.

# Situation dans l'espace et orientation

## ■ Pour localiser

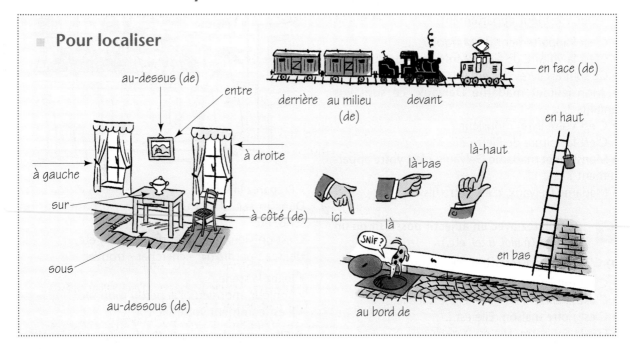

au-dessus (de)

entre

à droite

à gauche

sur

à côté (de)

sous

au-dessous (de)

derrière  au milieu (de)  devant

en face (de)

en haut

là-bas

là-haut

ici

là

en bas

SNIF ?

au bord de

Claude Monet, *Le Bassin d'Argenteuil*, 1872, musée d'Orsay, Paris.

**1** Complétez la présentation du guide du musée avec les mots de la liste ci-dessous.

des arbres - des bateaux - un chemin - le ciel - un pont - des promeneurs - la Seine

« Voici un magnifique tableau de Monet, le peintre impressionniste.
• Dans le bas du tableau, à gauche, on voit ... au bord de ...
• Sur le chemin, il y a ... et sur la Seine, on voit ...
• Sur le côté gauche du chemin, il y a ...
• Au fond, on peut voir ...
• Au-dessus du pont et des arbres, c'est ... »

Marc Chagall, *Paris vu de ma fenêtre*, musée Guggenheim, New York.

**2** Décrivez ce tableau du peintre Chagall. Faites la liste de ce qui est bizarre.

« Devant la fenêtre, à gauche, en bas du tableau, il y a une chaise. Sur la chaise ... »

**3** Dans une lettre à un(e) ami(e) français(e), vous décrivez la vue que vous avez de la fenêtre de votre appartement (ou de votre maison).

« Devant chez moi, il y a une place. Sur cette place ... »

## Pour s'orienter

- Pardon..., pour aller à...
- La tour Eiffel, c'est par là ?
- C'est loin (de) / près (de)

Pardon madame,
vous pouvez m'aider ?
Je suis perdu.
Je cherche la rue de Rivoli.

Continuez tout droit.
Faites deux cents mètres.
Tournez à gauche
et demandez.

- aller | tout droit
- continuer | jusqu'à la gare

- tourner à droite / à gauche

- prendre ⑲ la première rue à droite

- faire 200 mètres, 1 kilomètre
- prenez à droite, après le feu

- traverser
- suivre ㊷ la flèche, la Seine

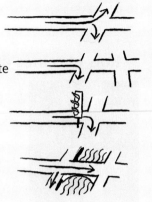

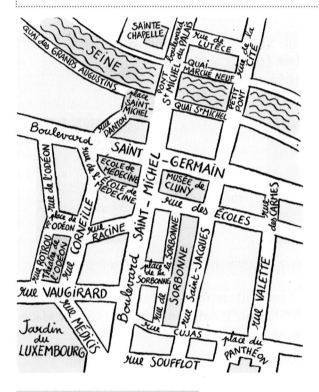

**4** Demander - décrire un itinéraire.

**a) Observez le plan du quartier Saint-Michel à Paris.
Que doit-on faire pour aller :**

- du théâtre de l'Odéon au musée de Cluny ?
- de la place Saint-Michel au Panthéon ?
- du jardin du Luxembourg à la Sorbonne ?
- de l'école de Médecine à la Sainte-Chapelle ?

« Du théâtre de l'Odéon, je prends la rue de l'Odéon jusqu'au boulevard Saint-Germain ... »

**b) Dialoguez avec votre voisin(e). Expliquez comment faire pour aller chez vous.**

« À partir de l'école, tu prends la rue ... »

**c)**  Gérard est à la gare de Montpellier. Il téléphone à son ami pour savoir comment aller chez lui. Faites le dessin de l'itinéraire.

Voici les étapes principales de l'itinéraire : la rue Maguelone - la place de la Comédie - la rue de la Loge - la rue Foch.

---

### Prononciation

### Les sons [ã] - [ɔ̃]

**1** **Qui appelle-t-on dans chaque couple ?**

| | |
|---|---|
| Jean et Jeanne | Simon et Simone |
| Nino et Ninon | Florian et Floriane |
| Florent et Flora | Roland et Rolla |

**2** **Distinguez [ã] et [ɔ̃]. Barrez le mot non prononcé.**

il est lent / long    sans / son livre
ils mentent / montent    il range / ronge

**3** **Écoutez et répétez.**

Catastrophe

Au Japon,
Un papillon
Se pose doucement
Sur l'estampe du salon.

Et à l'autre bout du monde,
Un grand vent
Se lève sur l'Océan.

# RESTONS EN FAMILLE

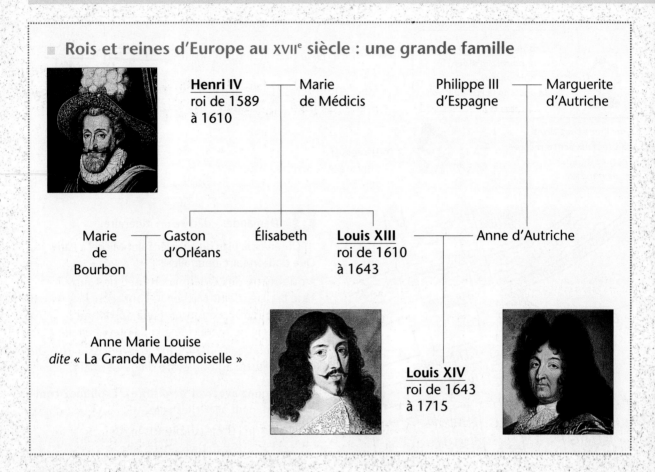

■ Rois et reines d'Europe au XVIIᵉ siècle : une grande famille

**1**    Observez l'arbre généalogique de Louis XIV. Lisez ce texte et découvrez le nom des membres de la famille.

• **Philippe III d'Espagne : mari** de Marguerite d'Autriche, **père** d'Anne d'Autriche, **grand-père** de Louis XIV, **beau-père** de Louis XIII.

• **Marguerite d'Autriche : femme** de Philippe III, **mère** d'Anne d'Autriche, **grand-mère** de Louis XIV, **belle-mère** de Louis XIII.

• **Louis XIV : fils** de Louis XIII, **petit-fils** d'Henri IV, **neveu** d'Élisabeth, **cousin** de La Grande Mademoiselle.

• **La Grande Mademoiselle : fille** de Gaston d'Orléans, **petite-fille** d'Henri IV, **nièce** d'Élisabeth, **cousine** de Louis XIV.

• **Élisabeth : sœur** de Gaston d'Orléans, **belle-sœur** de Marie de Bourbon, **tante** de la Grande Mademoiselle.

• **Louis XIII : frère** de Gaston d'Orléans, **beau-frère** de Marie de Bourbon, **oncle** de la Grande Mademoiselle.

**2**    Quelles sont les relations familiales entre :
• Marie de Bourbon et Louis XIV
• Gaston d'Orléans et Anne d'Autriche
• Marie de Médicis et Louis XIV
• Gaston d'Orléans et Louis XIV

**3**    Faites et présentez à la classe :
• votre arbre généalogique,
• ou un arbre généalogique imaginaire.

**Donnez quelques indications sur chaque membre de la famille.**

« Mon grand-père : un ancien commerçant... »

## ■ La famille en France aujourd'hui

**4** Lisez les informations du tableau ci-dessous. Comparez avec votre pays.
• Les Français se marient tôt ou tard ?
• Ils ont beaucoup ou pas beaucoup d'enfants ?
• Ils divorcent beaucoup ou pas beaucoup ?
• Le mariage religieux est important ou pas important ?

### CHIFFRES

• Un Français sur trois est célibataire.
• L'âge moyen du mariage est 26 ans pour les femmes, 28 ans pour les hommes.
• Un couple sur dix n'est pas marié.
• Un mariage sur deux est religieux.
• Un mariage sur sept se fait avec un étranger.
• Il y a un divorce pour trois mariages.
• 12 % des mères élèvent seules leurs enfants.
• Il y a en moyenne 1,6 enfant par couple.
• Un enfant sur dix est un enfant unique.

*Le cinéma français parle de la famille*

**La Crise (1992)**, film de Coline Serreau. Un homme perd le même jour son travail et sa femme. Un film comique où tout le monde divorce ou se sépare.

**La Séparation (1994)**, film de Christian Vincent. Pierre aime Anne et Anne aime Pierre. Ils ont un fils. Mais Anne aime aussi un autre homme. Elle raconte tout à Pierre. Pierre ne comprend pas. Il ne peut pas ou ne veut pas comprendre.

**La vie est un long fleuve tranquille (1988)**, film d'Étienne Chatiliez. Les Le Quenoy sont une famille bourgeoise et catholique de six enfants. La famille Groseille est faite de chômeurs et de petits délinquants. Le fils Groseille et la fille Le Quenoy sont nés le même jour dans la même maternité. Et une infirmière... a échangé les bébés.

La vie est un long fleuve tranquille.
UN FILM DE ÉTIENNE CHATILIEZ

CLAUDE BERRI
ISABELLE HUPPERT    DANIEL AUTEUIL
La Séparation
CHRISTIAN VINCENT
DAN FRANCK • CHRISTIAN VINCENT • JÉROME DESCHAMPS • KARINE VIARD

EVIAN. L'ÉQUILIBRE EST UNE FORCE.
evian

**5** Observez et lisez les autres documents de cette page. Caractérisez ces familles, ces parents. Sont-ils :
heureux / malheureux - modernes / traditionnels ?

**6** Connaissez-vous des films qui parlent de la famille ? Présentez-les brièvement.

# Mettez-vous d'accord !

**A**

## 10.00

**Nathalie :** Allô ! ... Ah, c'est toi, Samia. Excuse-moi ! Tu peux rappeler à midi ? Là, je suis pressée. Je dois accompagner Damien à l'atelier de théâtre et Charlotte à l'école de danse. ... Attends, Samia ! Excuse-moi un moment. Damien ! Tu arrêtes la télé, tu te laves et tu t'habilles ! Charlotte, tu te lèves ! Oui, Samia, j'écoute. ... Oui, je suis là à 3 heures. ... Tu passes prendre le café ? D'accord. Mais attention ! À 4 heures, je vais chercher les enfants à la piscine. C'est mercredi aujourd'hui. Je m'occupe des enfants toute la journée. ... D'accord, à cet après-midi, Samia. ... Allez, dépêchez-vous ! Préparez-vous ! Nous sommes en retard.

**B**

## 15.30

**Samia :** Nathalie, j'ai une bonne nouvelle pour toi. Je quitte Aéro-Maintenance Marseille.

**Nathalie :** Mais pourquoi ?

**Samia :** Parce que je me marie.

**Nathalie :** C'est formidable, ça ! Je suis contente. Et... avec qui ?

**Samia :** Avec le directeur commercial.

**Nathalie :** Ah, ton ami de Paris ?

**Samia :** Eh oui, mon ami de Paris. Donc, je vais habiter à Paris. Donc, il y a peut-être un poste pour toi à Marseille.

**Nathalie :** Tu es sûre ?

**Samia :** J'ai dit « peut-être ». Mais avec ton expérience et tes qualités, tu as toutes tes chances.

## 20.00

**Tous :** Joyeux anniversaire... Joyeux anniversaire, maman !

**Gérard :** J'ai mis une seule bougie. Je ne me rappelle pas ton âge.

**Nathalie :** Moi non plus. Mais c'est normal. Il change tout le temps.

**Charlotte :** Et voici ton cadeau !

**Nathalie :** Merci... Oh ! Je suis gâtée. Vous êtes vraiment très gentils !

**Gérard :** Et j'ai une surprise pour toi !

**Nathalie :** Moi aussi, j'ai une surprise pour toi. Alors, dis vite ! C'est quoi ta surprise ?

**Gérard :** J'ai demandé un poste à Vernon. Tu es contente ?

# La conjugaison pronominale

## ■ La conjugaison pronominale

| se lever | | |
|---|---|---|
| je | me | lève |
| tu | te | lèves |
| il/elle/on | se | lève |
| nous | nous | levons |
| vous | vous | levez |
| ils/elles | se | lèvent |

| s'habiller | | |
|---|---|---|
| je | m'habille | |
| tu | t'habilles | |
| il/elle/on | s'habille | |
| nous | nous habillons | |
| vous | vous habillez | |
| ils/elles | s'habillent | |

### La journée en verbes pronominaux

| | | | |
|---|---|---|---|
| DRING! | se réveiller | | se lever |
| | se laver | | s'habiller |
| | se préparer | | se dépêcher |
| | s'occuper de | | se promener |
| | se reposer | | se coucher |

### ● Interrogation

Vous vous réveillez tôt ?
Est-ce que vous vous réveillez tôt ?
Vous réveillez-vous tôt ?

### ● Négation

Non, je ne me réveille pas tôt.

### ● Construction avec l'infinitif

J'aime me réveiller tard.
Elle aime se promener.
Nous aimons nous coucher tard.

### ● Le sens de la conjugaison pronominale

Il se regarde
dans la glace.

Elles se rencontrent.
Elles se racontent
les dernières nouvelles.

**Attention !** Certains verbes pronominaux ont un sens particulier. *Exemple :* Il se dépêche.

**1** Mettez les verbes pronominaux entre parenthèses à la forme qui convient.

**Une comédienne parle de sa vie :**

« Vous savez, nous, les comédiens, nous *(se coucher)* tard et nous *(se lever)* tard aussi. Moi, je ne *(se lever)* pas avant 11 heures… Le soir, je vais au théâtre une heure et demie avant le spectacle. Je *(se préparer)*, je *(s'habiller)*.
Bref, je prends mon temps. J'aime bien *(se reposer)* une petite demi-heure avant de jouer… Mais tous les acteurs ne font pas comme ça. Richard Weber, par exemple, préfère *(se promener)* ou *(se reposer)* dans un café. Il arrive au théâtre au dernier moment et il *(se dépêcher)* de *(se préparer)*. »

**2** Imaginez une histoire d'amour en utilisant les verbes de la liste.

« Ils se rencontrent un jour chez des amis ou au salon de l'Auto. Ils se regardent... »

s'aimer - s'adorer - se chercher - se comprendre - se connaître - se parler - s'écrire - se téléphoner - se voir - se regarder

---

### ■ L'impératif

| | | | |
|---|---|---|---|
| Reste ! | Ne pars pas ! | Dépêche-toi ! | Ne te repose pas ! |
| Restons ! | Ne partons pas ! | Dépêchons-nous ! | Ne nous reposons pas ! |
| Restez ! | Ne partez pas ! | Dépêchez-vous ! | Ne vous reposez pas ! |

#### ● Cas du verbe *être*

| | |
|---|---|
| Sois gentil ! | Ne sois pas pressé ! |
| Soyons gentils ! | Ne soyons pas pressés ! |
| Soyez gentils ! | Ne soyez pas pressés ! |

Arrêtons-nous un moment !
Repose-toi !
Ne sois pas bête !
Tu es fatigué.

---

**3** Donnez des conseils en utilisant le verbe entre parenthèses.

• Il est 1 heure du matin. → Couchons-nous !

• Tu es en retard.
→ *(se dépêcher)*
• Nous sommes fatigués.
→ *(se reposer)*
• Il est 6 heures mais c'est dimanche.
→ *(ne pas se lever)*
• « Les enfants, il est 11 heures ! »
→ *(se réveiller), (se lever), (se laver), (s'habiller)*
• « Pierre, je fais la cuisine. »
→ *(s'occuper des enfants)*

**4** Imaginez la suite en utilisant une forme négative de l'impératif.

• Ce disque n'est pas bon. → N'écoutez pas ce disque !

• Je ne suis pas chez moi ce soir. → ...
• Ce film n'est pas intéressant. → ...
• Cette voiture est chère. → ...
• La boxe est un sport dangereux. → ...
• Philippe, la profession de comédien est difficile. → ...

**5** Donnez-leur cinq conseils.

**Cinq conseils pour ne pas être fatigué.**
1. Couchez-vous à 10 h. Levez-vous à 7 h.
2. ...

**Cinq conseils pour trouver un bon poste.**
1. Travaillez bien à l'école.
2. ...

**Cinq conseils pour apprendre vite et bien une langue étrangère.**
1. ...
2. ...

---

### Entraînez-vous

**1. On pose des questions à des amoureux. Répondez pour eux.**

• Vous vous aimez ? – Oui, nous nous aimons.

**2. On pose des questions à un paresseux. Répondez pour lui.**

• Vous vous levez tôt ? – Non, je ne me lève pas tôt.

**3. Préparatifs de voyage. Donnez des ordres selon le modèle.**

• Tu dois préparer ta valise. → Prépare ta valise !

**4. Donnez des conseils à un sportif selon le modèle.**

• Tu ne dois pas te coucher tard. → Ne te couche pas tard !

# La vie quotidienne

**1** **a)** Lisez le récit de la journée de Sylvie et de Jacques. Relevez le vocabulaire relatif à la vie quotidienne.

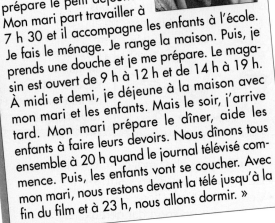

**SYLVIE - 40 ans - Vendeuse dans un magasin à Tours.**

« Je me lève à 6 h 30. Je prépare le petit déjeuner. Mon mari part travailler à 7 h 30 et il accompagne les enfants à l'école. Je fais le ménage. Je range la maison. Puis, je prends une douche et je me prépare. Le magasin est ouvert de 9 h à 12 h et de 14 h à 19 h. À midi et demi, je déjeune à la maison avec mon mari et les enfants. Mais le soir, j'arrive tard. Mon mari prépare le dîner, aide les enfants à faire leurs devoirs. Nous dînons tous ensemble à 20 h quand le journal télévisé commence. Puis, les enfants vont se coucher. Avec mon mari, nous restons devant la télé jusqu'à la fin du film et à 23 h, nous allons dormir. »

**JACQUES - 30 ans - Fonctionnaire à Paris.**

« Je me lève vers 8 heures. Je prends un bon bain. Je m'habille et je pars au travail. J'ai une demi-heure de métro à faire. Je ne prends pas le petit déjeuner chez moi. Je préfère prendre un petit café avec les collègues au bar à côté du bureau. Je ne commence pas à travailler avant 9 h 30. Mais le soir, je reste souvent jusqu'à 19 heures. À midi, je déjeune au restaurant avec des collègues et nous parlons du travail. Quand j'arrive à la maison, le soir, les enfants ont dîné. Je dîne avec ma femme à 20 h 30. Puis, je lis les journaux ou je regarde la télé. Heureusement, j'ai le week-end pour voir mes enfants ! »

**b)**  Écoutez :

– le récit de la journée de Georges, ouvrier à Paris ;
– le récit de la journée d'Alexandre, élève dans un collège de Clermont-Ferrand.

• Notez leur emploi du temps.

**c)** Comparez ces modes de vie avec ceux de votre pays.

**d)** Imaginez la journée des membres de la famille Delvaux.

> ■ **Donner son opinion**
>
> • Je suis d'accord
>   Je ne suis pas d'accord
>   Tu as raison / tu as tort
>   Je suis de ton avis.
>
> • C'est sûr - c'est certain
> • Peut-être - c'est possible
> • Ce n'est pas sûr - ce n'est pas certain
> • C'est impossible.

**2** Discussions à table. L'un dit quelque chose. L'autre donne son opinion. Jouez la scène.

Marseille est une ville agréable.

Margot va bientôt se marier avec Renaud.

Les Delvaux vont habiter à Vernon.

Ce Renaud est un type extraordinaire.

Il y a de très bons restaurants à Londres.

Cette Nathalie Delvaux est une femme difficile, non ?

## ■ Le mouvement

```
              aller
partir •─────────────────► arriver
              venir            rester
         revenir - rentrer
       retourner - rentrer
                          repartir
```

• **Avec une personne :**

accompagner Marie à la gare ─────►
aller chercher Marie à la gare ◄─────

> Je pars demain pour Madrid.
> Je reviens dimanche.

> Il vient demain à Madrid.
> Il retourne à Paris, dimanche.

## ■ L'enchaînement des idées

• **L'opposition :** *mais*
Il est fatigué mais il travaille.

• **La cause :** *pourquoi ? - parce que...*
Pourquoi est-ce qu'il ne travaille pas ?
Parce qu'il est très fatigué.

• **La conséquence :** *donc - alors*
Il est très fatigué. Donc, il se repose.

• **Le but :** *pourquoi ? - pour...*
Il se dépêche pour être à l'heure.

**3** Lisez le programme du voyage à Londres de Gérard. Faites parler :

**a) Gérard.** Il informe sa femme Nathalie : « Le 8, je pars pour Londres ... »

**b) Peter, l'ami de Gérard.** Il informe sa femme : « Le 8, Gérard vient à Londres ... »

> **Lundi 8 :** 18 h : départ pour Londres - Arrivée à 19 h - Logement chez Peter Smith.
> **Mardi 9 :** Congrès des grandes villes européennes.
> **Mercredi 10 :** 8 h : départ pour Glasgow - Préparation de la visite du maire de Glasgow à Marseille - Retour à Londres : 19 h.
> **Jeudi 11 :** 17 h : retour à Marseille.

**4** Complétez avec un mot de liaison.

Nathalie voudrait travailler
{
... elle ne trouve pas de travail.
... elle cherche du travail.
... avoir de l'argent.
... elle est fatiguée de s'occuper des enfants et de la maison.
}

• **Imaginez des suites sur le modèle ci-dessus.**

Gérard veut rester à Marseille
{
parce que ...
pour ...
*etc.*
}

Margot ne part pas en vacances avec ses amis
{
mais ...
parce que ...
*etc.*
}

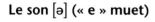

### Le son [ə] (« e » muet)

**1** Les Français prononcent différemment le « e » muet. Écoutez deux prononciations possibles des phrases suivantes. Barrez les « e » non prononcés.

• Je me lève tard le samedi.
• Je ne voyage pas en Île-de-France.

**2** Répétez. Faites attention au rythme de la phrase.

C'est une avenue ou un boulevard ? ...

**3** Écoutez ces petites phrases. Indiquez le son que vous entendez.

|  |  | [ə] | [e] ou [ɛ] |
|---|---|---|---|
| je / j'ai | 1 |  |  |
|  | 2 |  |  |
| le / les | 3 |  |  |
|  | 4 |  |  |
| ce / ces | 5 |  |  |
|  | 6 |  |  |
| de / des | 7 |  |  |
|  | 8 |  |  |

# LA FRANCE EN FÊTE

## NOËL (25 décembre)

## JOUR DE L'AN (1er janvier)

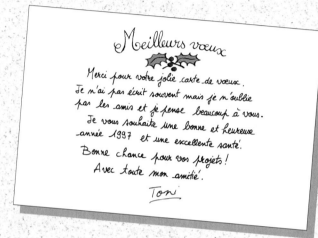

Meilleurs vœux

Merci pour votre jolie carte de vœux.
Je n'ai pas écrit souvent mais je n'oublie
pas les amis et je pense beaucoup à vous.
Je vous souhaite une bonne et heureuse
année 1997 et une excellente santé.
Bonne chance pour vos projets !
Avec toute mon amitié.
Toni

## LA FÊTE DES ROIS (janvier)

## MARDI GRAS (février ou mars)

**1** Pour chaque fête :
• Observez la photo ou lisez le document.
• Dites ce qui se passe, ce qu'on fait.
• Comparez avec votre pays, avec les pays que vous connaissez.

**2** À l'occasion de quelle fête...

... dit-on ?
• Bonne année !            • Joyeux Noël !
• Bon anniversaire !       • Poisson d'avril !
• Bonne fête !             • J'ai la fève !

... voit-on les objets suivants ?
• une bûche               • des œufs
• du muguet               • des chrysanthèmes
• un sapin                • une couronne
• des drapeaux            • des déguisements

**3** Comparez le calendrier des vacances scolaires avec le vôtre.

**4** Faites la chronologie des fêtes françaises. Comparez avec votre pays.

« En France, on ne fête pas ... »

**5** Rédigez une carte de vœux pour un(e) ami(e) français(e).

## 1er AVRIL

### LA TOUR EIFFEL CHANGE DE VILLE

Le petit village de Broussac, en Bourgogne, n'a pas de monument célèbre. Donc pas de touristes ! La ville de Paris a donc décidé d'offrir la tour Eiffel aux habitants de Broussac. Hier, les ouvriers ont commencé

## MAI

### LE MOIS DES PONTS

Cette année, le 1er mai (fête du travail) est un jeudi. Le 8 mai (fête de la fin de la guerre 1939-1945) est un jeudi. Et bien entendu, le jeudi de l'Ascension (jour férié)... est un jeudi. Beaucoup d'entreprises vont donc faire le pont et les Français vont avoir un mois de 16 jours de travail !

### LES VACANCES SCOLAIRES

- **Toussaint :** 10 jours, fin octobre
- **Noël :** 15 jours, fin décembre – début janvier
- **Hiver :** 15 jours en février
- **Printemps (vacances de Pâques) :** 15 jours en avril
- **Été :** 2 mois, juillet et août

Les dates des vacances d'hiver et de printemps sont différentes selon les régions.

## 21 JUIN

### DEMAIN, FAITES DE LA MUSIQUE !

Toutes les villes de France se préparent à fêter la musique, demain, premier jour de l'été. Dans notre ville, l'orchestre de la S.N.C.F., l'orchestre de l'école de Musique, l'orchestre des retraités de la Poste vont donner des concerts. Mais tout le monde peut aller jouer dans les rues.

## 14 JUILLET

## TOUSSAINT (novembre)

# La poésie du quotidien

Dans notre ville, il y a
Des tours, des maisons par milliers,
Du béton, des blocs, des quartiers,
Et puis mon cœur, mon cœur qui bat
Tout bas.

Dans mon quartier, il y a
Des boulevards, des avenues,
Des places, des ronds-points, des rues,
Et puis mon cœur, mon cœur qui bat
Tout bas.

*La Ville enchantée,*
© JACQUES CHARPENTREAU.

Grand plaisir grand merci
Merci mille fois merci
À bientôt Mais non Mais si
Ce n'est rien je vous en prie.

À Dimanche à Lundi
À Mardi à Mercredi
C'est cela : plutôt Vendredi
Le matin, je veux dire à midi
Dès l'aurore avant la nuit.

Sans façon c'est par ici
Trop aimable. Bonne nuit.

JEAN TARDIEU, « L'éternel enfant » in
*L'Accent grave et l'accent aigu,*
© éd. Gallimard, 1976.

## Pour toi mon amour

Je suis allé au marché aux oiseaux
Et j'ai acheté des oiseaux
Pour toi
mon amour
Je suis allé au marché aux fleurs
Et j'ai acheté des fleurs
Pour toi
mon amour
[...]
Et puis je suis allé au marché aux esclaves
Et je t'ai cherchée
Mais je ne t'ai pas trouvée
mon amour.

JACQUES PRÉVERT, « Pour toi mon amour » in
*Paroles,* © éd. Gallimard, 1949.

---

Les poètes du XXᵉ siècle ont souvent fait de la poésie avec des mots simples.

**1** Imitez le poème de Jacques Charpentreau. Parlez de votre ville, de votre pays, de votre cœur, etc.
« Dans mon pays, il y a ... Et puis ... »

**2** Dans le poème de Jean Tardieu, relevez toutes les formules de politesse. Imaginez un dialogue en utilisant ces formules.

« J'ai passé une très bonne soirée. Cela m'a fait un très grand plaisir. Un grand merci à vous deux.
– Ah non, merci à vous ... »

**3** Imaginez d'autres strophes pour le poème de Jacques Prévert.
« Je suis allé au marché aux souvenirs ... »
« Je suis allé à la gare du Nord ... »

## 1 Verbes au présent

**Mettez les verbes au présent.**

• Le matin, Pierre accompagne ses enfants à l'école. Ils *(partir)* à 8 heures. Puis, Pierre *(prendre)* le métro pour aller au bureau. Le soir, il *(rentrer)* à 19 heures. Sa femme *(aller chercher)* les enfants à l'école à 16 h 30.

• Je *(finir)* de travailler à 17 heures. Je *(faire)* des courses. Puis, j'*(attendre)* mon mari et nous *(rentrer)* ensemble à la maison. Nous *(prendre)* le RER. C'est très rapide. Nous *(être)* chez nous en vingt minutes.

## 2 Le passé composé

**Mettez les verbes au passé composé.**

• **Un travailleur immigré raconte son arrivée en France.**

« Je *(arriver)* en France le 12 janvier 1972. J'*(trouver)* du travail à Marseille. Ma femme et mes enfants *(venir)* en 1982. En 1985, nous *(achetons)* une maison et toute la famille *(décider)* de rester en France. »

• **Un photographe raconte sa journée.**

« Hier, j' *(commencer)* à travailler à 10 heures. Jusqu'à midi, avec un mannequin, nous *(faire)* des photos pour le magazine *Elle*. À midi, nous *(aller)* déjeuner. L'après-midi, nous *(travailler)* jusqu'à 16 heures. Puis j' *(ranger)* le matériel. »

## 3 Les adjectifs démonstratifs

**Complétez avec un adjectif démonstratif.**

**Le guide du musée :** « Entrons dans … salle! Regardez … tableau! C'est un portrait de Richelieu. … homme a été le conseiller du roi Louis XIII. Maintenant, allons voir … petits tableaux, au fond de la salle. Observez … église!… »

## 4 Les adjectifs possessifs

**Complétez avec un adjectif possessif.**

• Cette maison est à elle. C'est … maison.
• Ces livres sont à moi. Ce sont … livres.
• Ce journal est à vous, monsieur? C'est … journal?
• Cette voiture est à lui. C'est … voiture.
• Cet argent est à toi. C'est … argent.

## 5 Les activités quotidiennes

**Le directeur d'une colonie de vacances présente le programme de la journée. Lisez l'emploi du temps et complétez le texte.**

| | |
|---|---|
| 7 h – Lever | 13 h-15 h – Repos |
| 8 h – Toilette | 15 h-19 h – Promenade |
| 8 h 30 – Petit déjeuner | 19 h – Dîner |
| 9 h-12 h – Jeux | 20 h – Chansons |
| 12 h – Déjeuner | 21 h – Coucher |

« À 7 heures, nous … . Puis à 8 heures, nous … . À 8 heures 30, on … . De 9 heures à 12 heures, vous … . Puis, vous … .

De 13 heures à 15 heures, vous … . Puis, vous … . À 19 heures, on …, puis on … et à 21 heures, nous … . »

## 6 S'orienter

**Un touriste veut aller de la banque au musée. Il demande son chemin à un policier. Rédigez le dialogue.**

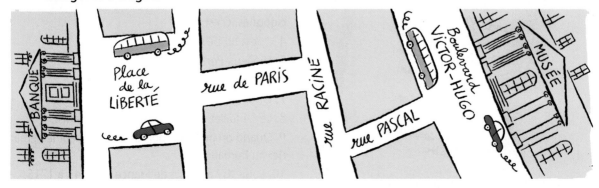

# Bilan 2

## 7 La famille

Observez l'arbre généalogique de Paul. Complétez comme dans l'exemple.

Jules Gaudin — Thérèse Marquet

François Dupuis — Claire Gaudin ← Marcel Gaudin — Chantal Broussard

Yves et Sylvie Dupuis

Paul et Céline Gaudin

- Paul est **le fils** de Marcel Gaudin.
- Paul est ... de Thérèse Marquet.
- Paul est ... de Sylvie Dupuis.
- Paul est ... de François Dupuis.
- Claire Gaudin est ... de Jules Gaudin.
- Claire Gaudin est ... de Céline Gaudin.

- Claire Gaudin est ... de Marcel Gaudin.
- Claire Gaudin est ... de François Dupuis.
- Thérèse Gaudin est ... d'Yves Dupuis.
- François Dupuis est ... de Marcel Gaudin.
- François Dupuis est ... de Claire Gaudin.

## 8 Donner son opinion

Donnez votre opinion sur les phrases (1) à (5). Utilisez une expression de la colonne A.
Justifiez votre opinion par une phrase de la colonne B.

| | A | B |
|---|---|---|
| 1. Nathalie n'aime pas Marseille. | C'est possible | parce qu'il était au Salon de l'Auto. |
| 2. Renaud ne connaît pas la Diva. | Peut-être | parce que le bruit est insupportable. |
| 3. Nathalie ne veut pas rester à la maison. | C'est certain | parce qu'il collectionne ses albums. |
| 4. Gérard va quitter Marseille. | C'est sûr | parce qu'il a demandé un poste à Vernon. |
| 5. Patrick est un passionné de Tintin. | C'est impossible | parce qu'elle cherche un travail. |

## 9 Raconter

Lisez le carnet de voyage de Sylvie.
Rédigez le récit de sa journée à Londres.

28 Avril

Matin : Visite de Westminster et du Parlement.
(13h) Déjeuner au Savoy.
Après-midi : Promenade à Hyde Park. Courses dans le quartier de Piccadily.
Soir : Dîner-sandwich. Théâtre.

## 10 TEST CULTUREL

Complétez avec le mot qui convient.

1. Pour entrer à l'université, un étudiant doit avoir le ...

2. L'... aide les chômeurs à trouver du travail.

3. C'est une région célèbre pour ses vins et ses cigognes. C'est ...

4. ... est un peintre impressionniste.

5. Le Vieux-Port et la Canebière sont à ...

6. Lille est une ville du ... de la France.

7. On offre du muguet pour le ...

8. Le 14 Juillet est le jour de la ... en France.

9. Quand on perd son portefeuille, on peut le demander au bureau des ...

10. Louis XIV a été ... de France de 1643 à 1715.

# UNITÉ 3

## COMPRENDRE ET S'EXPRIMER

• Raconter des événements passés.

• Rédiger une lettre ou une carte postale de voyage.

• Parler des personnes (description physique et caractère).

• Savoir se comporter dans un restaurant.

• Parler du temps qu'il fait.

## DÉCOUVRIR

• Trois visages de l'aventure et du voyage.

• Une région : l'Auvergne.

• Les Français et la nourriture.

• Le prix des choses et les revenus des Français.

• Quelques changements, en France, depuis 1968.

# Trois visages de l'aventure

## *L'aventure sportive*

A

Le 18 novembre 1990, il faisait nuit sur l'île de la Guadeloupe quand le bateau de **Florence Arthaud** est arrivé au port de Pointe-à-Pitre. Des milliers de curieux et d'admirateurs attendaient et ils ont applaudi la jeune femme. Florence Arthaud était souriante, fatiguée mais heureuse. Dans la « Route du Rhum », célèbre traversée de l'Atlantique à la voile, elle arrivait première.

*Arrivée de Florence Arthaud à Pointe-à-Pitre le 18 novembre 1990.*

## Un aventurier scientifique

**T**out le monde connaît ce grand ami de la mer, ce vieil homme aux cheveux blancs coiffé d'un bonnet rouge, au corps mince et aux yeux bleus. Curieux de tout, **Jacques-Yves Cousteau** a passé sa vie à montrer au monde les merveilles de l'Océan. Il a fait une centaine de films, écrit quatre-vingts livres et a dirigé un grand musée. Homme courageux, il a vécu en mer des aventures dangereuses. Scientifique généreux, il défend aujourd'hui la qualité de l'environnement.

*Jacques-Yves Cousteau.*

## Une exploratrice française

**N**ée en 1868, près de Paris, **Alexandra David-Neel** est une des premières exploratrices françaises et une des premières femmes libérées. À l'âge de quinze ans, elle quitte la maison familiale et part seule pour l'Angleterre. Puis elle visite l'Europe et l'Afrique du Nord. Mais la vraie aventure d'Alexandra commence en 1911. Elle quitte son mari et part à la découverte de l'Asie. Pendant quatorze ans, elle découvre l'Inde. C'est la première Européenne à entrer au Tibet. Elle rencontre le dalaï-lama, passe deux ans seule dans les montagnes à 4 000 m et vit des aventures extraordinaires.

Elle revient en France en 1925. Depuis son départ, tout a changé. Les femmes ont les cheveux courts. Elles montrent leurs bras et leurs jambes. Elles fument! On fait du sport. On va au cinéma. Alexandra découvre alors une autre France.

*Alexandra David-Neel au Tibet.*

*Alexandra, lorsqu'elle était chanteuse d'opéra comique.*

# L'expression du passé

## ■ Le passé composé et l'imparfait : deux temps pour parler du passé

> Quand le bateau de Florence Arthaud **est arrivé**, il **faisait** nuit à Pointe-à-Pitre.

### LE PASSÉ COMPOSÉ (*voir p. 36*)

#### 1. Conjugaison

**a) Cas général :** *avoir* + participe passé
Hier, j'ai vu un bon film.

**b) Cas des verbes :** *aller, venir, partir, arriver, rester,* etc. : *être* + participe passé
Hier, je suis allé au cinéma.

**c) Cas des verbes pronominaux**

| se lever | | | |
|---|---|---|---|
| hier<br>ce matin<br>le 3 janvier | je<br>tu<br>il/elle<br>nous<br>vous<br>ils/elles | me suis levé(e)<br>t'es levé(e)<br>s'est levé(e)<br>nous sommes levé(e)s<br>vous êtes levé(e)s<br>se sont levé(e)s | à 8 heures<br>tard |

### L'IMPARFAIT

#### 1. Conjugaison

| parler | | être | |
|---|---|---|---|
| je | parlais | j' | étais |
| tu | parlais | tu | étais |
| il/elle | parlait | il/elle | était |
| nous | parlions | nous | étions |
| vous | parliez | vous | étiez |
| ils/elles | parlaient | ils/elles | étaient |

**Verbes irréguliers**
**avoir :** j'avais, tu avais, *etc.*
**faire :** je faisais, tu faisais, *etc.*
**venir :** je venais, tu venais, *etc.*
**il y a :** il y avait
**prendre :** je prenais, tu prenais, *etc.*
**dire :** je disais, tu disais, *etc.*

### 2. Emploi des deux temps

**• La succession des actions principales**

Je suis arrivé chez moi à 20 h .............................
Il s'est couché ........................................................
Quand elle est rentrée ...........................................

**• Les actions secondaires, les circonstances, la situation**

Marie regardait la télévision.
parce qu'il était fatigué.
il faisait nuit.

**• Les actions passées habituelles et ponctuelles**

Quand je travaillais à Paris, j'achetais tous les jours un billet de Loto...
Un jour j'ai gagné 50 000 F.
J'ai acheté une voiture.

Dans les années soixante, j'étais comédien.
Je me couchais tard et je me levais vers 10 heures.
Tous les jours j'allais déjeuner à la Brasserie Lipp.

---

**1** Mettez les verbes entre parenthèses au passé composé ou à l'imparfait.

**Le premier voyage de l'exploratrice Alexandra David-Neel :**

C'était en 1883. Alexandra *(avoir)* 15 ans. Elle *(passer)* ses vacances en Belgique avec ses parents. Un jour, elle *(prendre)* l'argent de ses économies et elle *(partir)*. C'*(être)* l'été. Elle *(traverser)* à pied la Hollande. Puis, elle *(prendre)* le bateau pour l'Angleterre. Quand elle *(arriver)* à Londres, elle *(écrire)* à ses parents parce qu'elle *(être)* sans argent.

**2** Mettez les verbes entre parenthèses à la forme du passé qui convient.

**Jeanne Calment avait 120 ans en 1995. Elle raconte ses souvenirs.**

*Jeanne Calment, doyenne du monde en 1995.*

« Je me rappelle. Nous *(habiter)* à Arles dans le sud de la France. Mes parents *(avoir)* un magasin et le peintre Van Gogh *(venir)* au magasin faire ses courses. Je *(voir)* aussi le poète Frédéric Mistral. C'*(être)* un ami de mon père. J'*(aimer)* aussi beaucoup Charles Trenet, quand il *(chanter)* La Mer... Mais, attendez, ce n'est pas la même époque ! Quand je *(rencontrer)* Van Gogh, j'*(avoir)* 14 ans. Quand j'*(écouter)* Charles Trenet, j'avais 80 ans ! »

**3** Continuez selon l'exemple. Imaginez les causes de ces événements.

• Marie n'a pas dansé → parce qu'elle était fatiguée.

• Je n'ai pas acheté ce beau livre ...
• Nous ne sommes pas allés nous promener ...
• Il habitait Paris mais il a quitté cette ville ...
• Je n'ai pas regardé le film jusqu'à la fin ...

**4** Continuez selon l'exemple. Imaginez une conséquence.

• Je ne connaissais pas l'Allemagne.
→ J'ai fait un voyage en Allemagne.

• Il ne comprenait pas l'anglais ...
• Elle aimait le ski ...
• Ce chanteur était excellent ...
• Elle ne voulait pas se marier ...

**5** Rédigez le récit de la journée de Christine à Venise d'après ses notes de voyage.

> **Samedi 10**
>
> **Matin :** Café au Danieli. Vue magnifique. Visite du Palais des Doges avec guide italien (le guide parle vite. Je ne comprends pas tout.).
>
> **Midi :** Déjeuner au restaurant. Bonne cuisine.
>
> **Après-midi :** Promenade en gondole. Déception : le gondolier ne chante pas. Mais il parle beaucoup ! Très sympathique.
>
> **Soirée :** Concert de musique italienne. L'orchestre joue très bien.

**Attention !** Les verbes sont au passé composé ou à l'imparfait.
« Le matin, j'ai pris un café au Danieli. La vue était magnifique ... »

## Entraînez-vous

**1. Continuez comme dans l'exemple.**
Aujourd'hui, le musée est fermé.
→ Hier aussi, il était fermé.

**2. Continuez comme dans l'exemple.**
Le musée est fermé. Je vais au café.
→ Le musée était fermé. Je suis allé au café.

**3. Les enfants posent des questions à leur grand-père. Il répond *non*.**
• En 1980, tu avais vingt ans ?
  – Non, je n'avais pas vingt ans.

**4. Un Français vous pose des questions. Répondez *oui* ou *non*.**
• En 1990, vous aviez vingt ans ?
  – Oui, ...
  – Non, ...

## Décrire les personnes

### ■ Le corps

#### ● La tête - Le visage

les cheveux
les yeux (un œil)

les oreilles
(une oreille)

le nez
la moustache
la barbe

la bouche
les dents
(une dent)

un bras
une main
un doigt
une jambe
un pied

#### ● La beauté

être beau / laid
avoir du charme

#### ● La position

être { debout
assis
couché

#### ● Pour caractériser

- avoir les cheveux noirs, bruns, châtains, blonds - longs / courts
- avoir les yeux noirs, marron, bleus
- être grand - de taille moyenne - petit
  mesurer 1,80 m - faire 1,80 m
- être gros / mince
- avoir le visage rond / allongé

---

Catherine Deneuve en Marianne.

**TROIS VISAGES DE MARIANNE**
Marianne est le symbole de la République. Elle est dans toutes les mairies et sur les pièces de monnaie.

**Brigitte Bardot.** *Actrice. Marianne des années 70.*

**Catherine Deneuve.** *Actrice. Marianne des années 80.*

**Inès de La Fressange.** *Mannequin. Marianne des années 90.*

**1** Ces trois femmes ont été les modèles des sculpteurs de Marianne de 1970 à nos jours.
Décrivez-les.

- Est-ce que l'image de la femme française idéale a changé ?
- Choisissez une femme idéale (ou un homme idéal) pour représenter votre pays. Décrivez cette personne.

**2** Jouez au jeu des portraits. Faites le portrait d'un personnage célèbre et interrogez votre voisin(e).

*Exemple :* Il était petit et mince. Il avait les cheveux bruns et le visage allongé. C'était un acteur comique dans les premières années du cinéma. Qui est-ce ?

**3** Vous devez aller chercher à la gare une personne que vous ne connaissez pas. Par téléphone, vous vous donnez des indications pour pouvoir vous reconnaître. Jouez avec votre voisin(e).

« Je mesure 1,80 m ... »

## ■ Les qualités et les défauts

### ● Le caractère
- avoir bon caractère - rire ㊱ - sourire -
- avoir mauvais caractère - se mettre en colère

### ● Avec les autres
être sympathique / antipathique - gentil / méchant - souriant / froid - amusant / triste - généreux / égoïste

### ● L'intelligence et le travail
être intelligent / stupide - curieux / indifférent - travailleur / paresseux

### ● Face aux difficultés
être courageux / timide - stressé / calme - heureux / malheureux

---

**4** Découvrez votre caractère d'après votre nombre magique.

• Êtes-vous d'accord ? Demandez l'avis de votre voisin(e).

• Quelle est la profession qui convient à chaque type de caractère ?

*Exemple :* 1 → homme ou femme d'affaires, directeur, etc.

### DÉCOUVREZ VOTRE CARACTÈRE D'APRÈS VOTRE NOMBRE MAGIQUE

Vous êtes né(e) le 07.12.1970
→ 7 + 1 + 2 + 1 + 9 + 7 + 0 = 27 ; 2 + 7 = 9
**Votre nombre magique est le 9.**

1. courageux - intelligent - froid
2. généreux - gentil - calme
3. artiste - curieux - intelligent
4. curieux - artiste - aime organiser
5. voyageur - curieux - calme
6. romantique - sympathique - stressé
7. observateur - psychologue - aime être seul
8. autoritaire - égoïste - travailleur
9. idéaliste - sympathique - travailleur

---

**5** Décrivez et commentez ces deux portraits (aspect physique et caractère).

• Imaginez les pensées et les goûts des deux personnages.

Vincent Van Gogh,
*Portrait du docteur Gachet,*
musée d'Orsay, Paris.

**Pablo Picasso,**
*Portrait de Nusch Eluard,*
musée Picasso, Paris.

---

## Prononciation

### Les sons [p] - [b] - [v]

**1** Écoutez. Notez dans quel ordre les mots suivants sont prononcés.

**a)** pas    bas    va
**b)** pain    bain    vin
**c)** pont    bon    vont
**d)** pou    bout    vous
**e)** pu    bu    vu

**2** Répétez ces mots dans l'ordre ci-dessus.

**3** Répétez ces phrases.
**Distinguez bien [p] et [b], [b] et [v].**
Elle habite à Pointe-à-Pitre.
…

**4** Répétez ces proverbes.

Qui a bu boira.
Tout nouveau, tout beau.
Vouloir, c'est pouvoir.
Un pour tous, tous pour un.

# LA FRANCE CHANGE

■ **Décrire
les changements**

• **Changer - devenir** (conjugué comme *venir*).
Pierre a changé. Il était généreux.
Il est devenu égoïste.

• **La durée**
**Depuis** : La France a changé **depuis** 20 ans.
La France a changé **depuis** 1970.
**Pendant** : Il a habité Paris **pendant** 10 ans.

*Groupe de hippies*

Dans ces deux pages, découvrez comment la France a changé depuis la fin des années 60.

**1** Observez les documents.
À quelle période appartiennent-ils ?

• fin des années 60 et années 70 ?
• années 80 et 90 ?

Décrivez l'évolution.
« Dans les années 70, on rêvait de ... pour faire Paris-Marseille, il fallait ... aujourd'hui ... »

*Le TGV (train à grande vitesse)*
*Bientôt, Paris-Marseille en 4 heures.*

**2** Quels sont les objets, les grands événements qui ont marqué votre pays dans les années 70 ? dans les années 80 et 90 ?

**3** 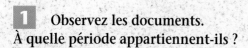 Écoutez. Une femme née en 1968 parle de son enfance, de sa jeunesse. Relevez les changements.

|  | Années 70 | Années 80 |
|---|---|---|
| la voiture | ................. | ................. |
| le travail | ................. | ................. |
| les week-ends | ................. | ................. |
| les vacances | ................. | ................. |

*Les badges*
*On affiche des opinions : « Pour la Paix ! », « À bas l'argent ! ».*

**La carte à puce**
*Finis les billets et les chéquiers. Avec elle on peut tout acheter, tout avoir. Mais attention ! La banque sait compter.*

**La Renault Twingo.** *Une forme nouvelle.*

**La sucrette**
*Régime ! Régime ! On doit rester mince !*

**L'essence sans plomb**
*Soyons écologiques !*

**Le Guide du routard**
*Les bonnes adresses (hôtels, restaurants, etc.), pour voyager pas cher.*

C'est une maison bleue
Adossée à la colline
On y vient à pied
On ne frappe pas
Ceux qui vivent là
Ont jeté la clé.
On se retrouve ensemble
Après des années de route
Et on vient s'asseoir
Autour du repas
Tout le monde est là
À cinq heures du soir [...].

*San Francisco,
paroles et musique
Maxime LE FORESTIER,
© éd. Coïncidences, 1973.*

**MC Solaar**
*Dans ses chansons, sur des rythmes de rap, il parle de la vie difficile des jeunes des banlieues, de la drogue et du sida.*

**Le chanteur Maxime Le Forestier**

# À moi, Auvergne !

*Pierre et Annie visitent l'Auvergne. Il est 2 heures de l'après-midi. Ils s'arrêtent devant une petite auberge sur le bord de la route.*

**Pierre :** Il y a quelqu'un ?

**Annie :** Regarde, il n'y a personne dans ce restaurant. On va ailleurs ?

**Pierre :** Ah non ! J'ai faim, moi ! Ils doivent bien avoir quelque chose à manger... Il y a quelqu'un ?

**Le patron :** Voilà ! Voilà !

**Pierre :** Bonjour, monsieur. Il est un peu tard, mais est-ce qu'on peut déjeuner ?

**Le patron :** Oui, bien sûr ! Mais vous savez, il n'y a pas beaucoup de touristes en ce moment. Je n'ai pas un grand choix. J'ai du poulet, de la potée auvergnate et... attendez, je demande à ma femme... Marie, il reste encore du rôti de bœuf ?

**La voix de Marie :** Non.

**Le patron :** Vous avez entendu ? Plus de rôti. Ça va aller ? Oui ? Alors, asseyez-vous ! Où vous voulez...

...

**Le patron :** Qu'est-ce que je vous sers comme entrée ? Un peu de pâté de campagne ? Quelques crudités ?

**Pierre :** Beaucoup de pâté et beaucoup de crudités. Dites donc, vous n'avez pas l'accent de la région. Vous n'êtes pas d'ici ?

**Le patron :** Si, si. Je suis bien auvergnat à cent pour cent. Mais j'ai vécu vingt ans à Paris. J'avais un café là-bas...

*La forêt de Tronçais.*

*Val Castel.*

Chers amis,
Un grand bonjour d'Auvergne.
Nous avons de la chance.
Depuis notre arrivée, il fait
un soleil magnifique.
   Nous avons trouvé le cocktail
de vacances idéal : beaucoup
de sport (marche et cheval),
beaucoup de bons petits repas
et un peu de culturel (vieux
châteaux romantiques et
vieilles églises). Trois étoiles
pour la forêt de Tronçais, ses
couleurs magnifiques, ses ri-
vières et ses oiseaux ! Trois é-
toiles aussi pour le circuit des volcans.
   Avec toute notre amitié. Pierre, Annie

M et Mme Jean GOMEZ
4, rue des Plantes
75014 - Paris

*Cratère du puy de Dôme.*

*Puy de Sancy.*

# La quantité

## ■ L'expression de la quantité

### 1. L'article partitif : *du* (masculin) - *de la* (féminin) - *de l'* (devant voyelle)

quand on ne peut pas
compter

quand on peut compter

quand il n'y a pas d'idée
de quantité

- Voulez-vous **de la** bière ?
  – Non, je **ne** veux **pas de** bière. Je **n'**aime **pas** la bière.

### 2. Les mots de quantité

| | quand on ne peut pas compter | quand on peut compter |
|---|---|---|
| je veux | **du** thé<br>**un peu de** thé<br><br>**beaucoup de** thé | **un** livre<br>**deux, trois,** *etc.*, livres<br>**quelques** livres<br>**plusieurs** livres<br>**beaucoup de** livres<br>**tous** les livres |

### 3. Encore / ne ... plus
### Un autre / pas d'autres

- Il reste encore du café ?
  – Non, il n'y a plus de café.
- Vous voulez un autre petit gâteau ?
  – Non, merci. Je ne veux pas d'autres petits
    gâteaux.
    Je ne veux plus de petits gâteaux.

### 4. Quelque chose / ne ... rien
### Quelqu'un / ne ... personne

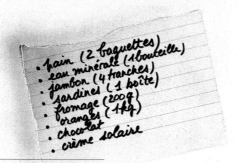

**1** Pierre et Annie partent faire une longue
marche en montagne. Ils vont faire
un pique-nique. Continuez les phrases.

**a) Ils font la liste des choses à acheter.**
« Nous devons acheter du pain, ... »

**b) Chez le commerçant, ils demandent...**
« Je voudrais deux baguettes, ... »

**2** Complétez avec un article (partitif, défini, indéfini). Attention, il y a plusieurs possibilités.

**Vincent (le difficile) est invité chez Carine.**

*Carine :* Tu veux ... café ?

*Vincent :* Non, merci, je n'aime pas ... café. Je préfère ... thé. Est-ce que tu as ... thé ?

*Carine :* Non, je suis désolée. J'ai ... bière et ... jus de fruits : ... jus d'orange et .... jus de pomme. Tu ne veux pas ... jus d'orange ? Il y a ... soleil et ... vitamines dans le jus d'orange !

*Vincent :* D'accord, je prends ... verre de jus d'orange.

**3** Complétez avec *un peu de, quelques, beaucoup de, tout, tous,* etc.

Quand je suis allé à Paris, je n'avais pas ... argent mais je suis allé dans ... bons restaurants. Un jour, je suis allé à la Closerie des Lilas et j'ai commandé ... champagne, juste une coupe. Je suis resté quinze jours à Paris. J'avais ... temps. J'ai visité ... les monuments célèbres, j'ai vu ... pièces de théâtre et j'ai fait la connaissance de ... Parisiens.

**4** Un policier fait une enquête. Complétez avec la question ou la réponse.

• Vous avez vu quelque chose ?
  – Non, ...
• Vous avez vu quelqu'un ?
  – Non, ...
• ...
  – Non, je n'ai rien trouvé.
• ...
  – Non, je n'ai entendu personne.
• Il y avait quelqu'un chez vous ?
  – Non, ...
• Vous avez dit quelque chose aux voisins ?
  – Non, ...

**5** Préparez et jouez les scènes.

**a) La maîtresse de maison et ses invités**
Elle propose. Ils acceptent... Ils refusent... Elle insiste...
« Vous prenez ... Vous voulez ...
– Non, merci...
– Mais si, prenez encore ... »

**b) Le contrôleur des impôts.**
« Vous avez combien de voitures ?
– Oh non ! Juste une petite 205, ...
– Vous avez beaucoup d'argent ? »

**c) Nathalie revient d'une soirée. Gérard pose des questions.**
« Il y avait beaucoup de monde ? ...
Tu as rencontré quelqu'un d'intéressant ? ... »

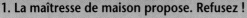

**Entraînez-vous**

**1. La maîtresse de maison propose. Refusez !**
• Vous prenez du café ?
  – Non, merci, je ne prends pas de café.

**2. Elle a visité le Groenland en hiver. Répondez.**
• Il y avait beaucoup de soleil ?
  – Non, il n'y avait pas beaucoup de soleil.

**3. Votre voisin a été cambriolé. Il vous interroge. Répondez *non*.**
• Vous avez vu quelqu'un ?
  – Non, je n'ai vu personne.

## *Manger*

### ■ Les aliments

#### ● La santé dans l'assiette

**Besoins en calories :** adultes (2 200 à 2 600), enfant de 3 ans (1 300) ;
gros effort physique (4 000).
Les chiffres indiquent le nombre de calories pour 100 grammes ou pour 1 litre.

#### Lait et fromages

le lait  50
le beurre  750
le fromage  350
le yaourt  60
la crème Chantilly  320
la glace  400

#### Les légumes

la pomme de terre  125
les haricots  50
le chou  50
les petits pois  60
la tomate  20
la salade  10
la carotte  40
les champignons  210

#### Viandes, poissons et œufs

le poulet  150
le bœuf  180
le veau  180
l'agneau  280
le porc  150
les œufs  60
le poisson  80 - 180

#### Les fruits

une orange  50
une banane  90
une pomme  50
une poire  50
le raisin  80

#### Pain, céréales et sucres

le pain  260
un croissant  350
les pâtes  130
le riz  120
le sucre  400
le chocolat  500
le gâteau  300

#### Les boissons

l'eau (et l'eau minérale)  0
le vin (rouge,
rosé, blanc)  700
la bière  350
le champagne  800
le jus d'orange  500

### ■ Manger et boire

- Avoir faim – manger
  avoir soif – boire ⑳

- **Au restaurant :** le serveur – la serveuse –
  servir ⑯
  – demander le menu, la carte
  – choisir ⑩ les plats
  commander un plat – goûter

- **La table :** une assiette – un verre –
  une fourchette – une cuillère –
  un couteau – une tasse

- **Apprécier :** c'est bon, excellent, délicieux –
  ça a bon / mauvais goût

- **Demander :** le sel – le poivre – l'huile –
  le vinaigre – la moutarde

**1** Composez un menu pour : **a)** un sportif - **b)** un mannequin - **c)** un ouvrier maçon.

• Composez le menu de votre choix. Présentez-le à votre voisin(e). Comparez vos goûts.

**2** Écoutez. Monsieur et Madame vont dans un petit restaurant sympathique.

**a)** Notez les détails de la scène : arrivée - choix de la table - choix des plats (voir menu ci-contre).

**b)** Imaginez la suite de la scène : commande du dessert - café - demande et paiement de l'addition.

**c)** Jouez l'ensemble de la scène.

**Menu au choix**

jambon de pays
salade verte
salade de tomates

bifteck frites
omelette aux champignons
poulet au riz
rôti de boeuf carottes

fromages
glace, tarte aux pommes
fruits

vin rouge ou rosé, bière
eau minérale

**3** Monsieur et Madame vont dans un grand restaurant. Lisez le scénario ci-dessous. Comparez avec la scène précédente. Préparez les dialogues et jouez la scène.

**Madame et Monsieur vont dans un grand restaurant.**

*Ils arrivent. Ils ont réservé une table. Le maître d'hôtel accompagne madame et monsieur à leur table. Madame et monsieur lisent la carte et la carte des vins. Comme 80 % des Français, ils ne comprennent pas tous les noms des plats. Ils demandent des explications. Le maître d'hôtel donne les explications très vite et repart. Monsieur n'a pas tout compris ; Madame non plus ; discussion. Madame commande les plats. Monsieur commande le vin (il peut demander conseil au maître d'hôtel). Le serveur apporte le vin. Monsieur doit goûter le vin. Il dit : « Il est bien » (comme 80 % des Français). S'il connaît bien les vins, il peut commenter ou critiquer.*

*À la fin, plusieurs possibilités :*

• *Madame va aux toilettes et monsieur paie l'addition à la table.*

• *Monsieur va aux toilettes et paie l'addition à la réception.*

• *Monsieur et madame recomptent l'addition.*

• *Monsieur et madame se demandent : « On laisse un pourboire ? Combien on laisse ? »*

**Menu "Variation Gourmande"**

Le Marbré de Foie Gras de Canard,
Girolles en feuille de Chou Chinois

La Rosace de Thon Rouge Mariné
sur Tian de Tomates et de Courgettes,
Vinaigrette Balsamique

## Prononciation

### Les sons [ʀ] - [l]

**1** Notez dans quel ordre vous entendez chacun des deux sons.

un rat / un la - une roue / un loup - il rit / il lit - ré / les - rue / lu

**2** Répétez les phrases.

Quatre heures moins le quart
C'est l'heure de sortir
Pour aller sur le port
Voir les barques partir

# POÉSIE DES PAYSAGES

« Ô lac, rochers muets, grottes, forêts obscures »
LAMARTINE

« Ô montagne d'azur, ô pays adoré »
ALFRED DE VIGNY

« Voici des fruits, des fleurs, des feuilles et des branches
Et puis voici mon cœur qui ne bat que pour toi »
VERLAINE

« La mer est verte
La mer est grise
Elle est d'azur
Elle est d'argent et de dentelle »
PAUL FORT

« J'aime les nuages... les nuages qui passent... là-bas... là-bas... les merveilleux nuages »
BAUDELAIRE

**1** Faites correspondre les extraits de poèmes et les photos.

**2** Trouvez dans les extraits de poèmes et dans la carte postale *(p. 71)* les mots qui peuvent se classer dans les colonnes suivantes :

| l'eau | les végétaux | la terre | l'air et le ciel |
|-------|--------------|----------|-------------------|
|       |              |          |                   |

Complétez le tableau avec ces mots :
un arbre – une falaise – un fleuve – une plage – un océan – une vallée

**3** Quelles activités peut-on faire dans ces lieux (marche, ski, etc.) ?

**4** Voici la liste des principales couleurs :

noir – marron – rouge – orange – jaune – vert – bleu – violet – gris – blanc

Retrouvez-les dans ces paysages.
Dans quelles circonstances ces paysages peuvent-ils prendre les couleurs que vous n'avez pas citées ?

**PROJET**

# Récit de voyage

*La Pérouse (1741-1788). Il a voyagé dans l'océan Pacifique et exploré les côtes de l'Asie.*

**L**es grands explorateurs et les écrivains en voyage aiment faire le récit de leurs découvertes et de leurs aventures. Les simples voyageurs aussi. Qui n'a pas noté ses impressions sur un carnet ou enregistré des images avec un camé-scope ?

Tout au long de cette leçon, vous pouvez faire un **récit de voyage** sous la forme :
d'un **JOURNAL DE VOYAGE**,
ou de **LETTRES DE VOYAGE** que vous envoyez à quelqu'un.

**Dans cette leçon, vous allez apprendre :**
• à décrire votre itinéraire et les lieux que vous traversez *(étape 2 : page 81)*,
• à décrire le temps qu'il fait et à raconter un événement inattendu *(étape 3 : page 83)*,
• à donner vos impressions sur les personnes, les habitudes, les particularités des pays *(étape 4 : page 85)*.

*Paul-Émile Victor (1907-1995). Explorateur célèbre pour ses voyages dans les régions polaires et ses séjours chez les Esquimaux.*

▇ **ÉTAPE 1**

• **Choisissez les lieux de votre récit :**
un pays, une région, une ville, un quartier situés **en France** ou **ailleurs**.
Vous pouvez aussi choisir **un pays imaginaire** (comme dans *Alice au pays des merveilles* ou dans *Les Voyages de Gulliver*). Donnez un nom à ce pays.
*Exemple :* Insomnia, le pays où le soleil ne se couche pas et où l'on ne connaît pas la nuit.

• **Documentez-vous sur ce pays, cette région, etc.**

• **Choisissez la forme de votre récit :**
journal de voyage ou lettres (voir les exemples ci-contre).

*Jacques Lanzmann* (1927). Pour lui, le vrai voyage est le voyage à pied. Il a traversé de nombreuses régions du monde et a écrit plusieurs livres.

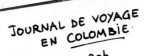

JOURNAL DE VOYAGE EN COLOMBIE

Lundi 21 août - 20h.

Je suis arrivé ce matin à 8 heures au petit aéroport de Puerto Asis, au bord de la rivière Putumayo. Demain, je pars en barque sur cette rivière et c'est l'aventure. Il fait un temps magnifique et très chaud. À l'hôtel, j'ai pris un bon petit déjeuner. Ici, on a le choix : petit déjeuner aux œufs ou à la viande, avec du riz, des bananes, etc.

Insomnia, le 25 avril

Chère amie,

Je suis arrivée à Insomnia ce matin à 3 heures. Mais ici, l'heure n'a pas beaucoup d'importance. Il fait jour 24 heures sur 24. Quand il n'y a pas de nuages, il y a du soleil toute la journée. Première surprise à l'hôtel : il n'y a pas de lit. Les gens ici ne dorment pas. Ils travaillent trois heures, s'arrêtent douze heures et recommencent.

Couverture d'un livre de Jules Verne.

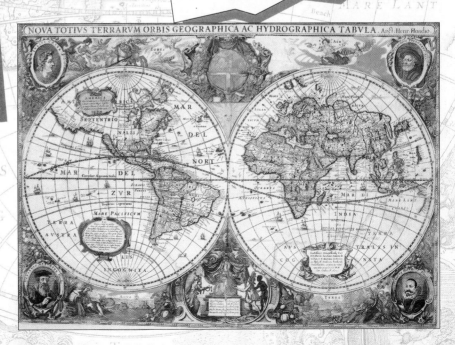

Carte du Monde, Atlas Hondius, 1631.

## Raconter et décrire

■ **Situation dans le temps, durée et succession**

### 1. Situation dans le temps

Elle est venue **le** 8 décembre, **à** 10 heures
**en** novembre, **en** 1980

- Depuis quand est-elle là ?
  – Elle est là **depuis** le 8 décembre. ⟵

- Jusqu'à quand reste-t-elle ?
  – Elle reste **jusqu'au** 15 janvier. ⟼

> **Révisez :**
> - **le passé composé** : *p. 36*
> - **l'imparfait** : *p. 64*
> - **la durée** : *p. 68*

### 2. Situation par rapport à maintenant

| avant<br>tout à l'heure | maintenant | après<br>tout à l'heure |
|---|---|---|
| hier | aujourd'hui | demain |
| la semaine<br>dernière | cette semaine | la semaine<br>prochaine |
| le mois dernier | ce mois-ci | le mois prochain |
| l'année dernière | cette année | l'année prochaine |

### 3. La durée et la fréquence

- Depuis combien de temps est-elle ici ?
  – Elle est ici **depuis** 3 mois.
- Pendant combien de temps a-t-elle habité ici ?
  – Elle a habité ici **pendant** 3 mois.
- Elle n'est pas restée **longtemps**.

- Il vient
  { **une fois, deux fois** par mois.
  { **souvent.**
  { **tous les jours.**

### 4. La succession des événements ou des idées

→ **le premier**    → **D'abord,** nous nous sommes levés.   → **Premièrement,** tu dois te lever tôt.

**le deuxième**    **Puis** nous nous sommes lavés.   **Deuxièmement,** tu dois travailler.

**le troisième**    **Ensuite... Après...**   **Troisièmement...**

**le quatrième**    **Enfin... À la fin...**   **Enfin...**

...

**le dernier**

**NB :** Dernièrement = récemment.

---

**1** Complétez avec les mots des trois premières rubriques du tableau.

**Pierre n'est pas content. Ses beaux-parents sont souvent chez lui.**

« Tu imagines ! Ils sont arrivés le 1er décembre. Nous sommes le 1er janvier. Ils sont là ... un mois. Et ils doivent rester ... 31 janvier. Ce n'est pas possible. Je ne peux pas supporter mes beaux-parents ... deux mois. Et attends ! Ils veulent aller au cinéma avec nous le lundi et le jeudi : ... par semaine ! Et la semaine du 8 au 15 janvier, c'est-à-dire ..., ils veulent partir avec nous au ski ! »

**2** Un policier observe les mouvements d'un espion. Faites son rapport. Utilisez les verbes du tableau suivant et les mots de succession (*d'abord, puis,* etc.).

« Il venait du village. D'abord, il est monté ... »

> monter / descendre ⑱ - entrer / sortir ⑫ - tourner autour - faire le tour

---

**3** D'après les indications des tableaux, faites les récits des événements suivants. Employez le passé composé ou l'imparfait comme il convient.

**a) Une panne de voiture**

| Circonstances | Actions principales |
|---|---|
| Mardi dernier... | |
| Nous faisons le trajet Paris-Lyon sur l'autoroute... | Nous tombons en panne... |
| | Nous appelons un garagiste... |
| Le garagiste est sympathique... | Il répare la voiture... |
| | Nous repartons une heure après... |

« C'était mardi dernier, ... »

**b) Découverte d'un restaurant**

| Circonstances | Actions principales |
|---|---|
| En vacances en Auvergne... | Je découvre un petit restaurant... |
| Près de Clermont-Ferrand, au bord de la route... | Je déjeune... |
| Le repas est bon... Le vin est excellent... | Je parle avec le patron... |
| Je suis content de ma découverte... | |

« Quand j'étais en vacances en Auvergne, ... »

■ **Pour décrire et caractériser**

● **L'adjectif**

Le Louvre est un musée **magnifique**.
C'est un **grand** musée.

● **La quantité** *(voir p. 72)*

Il y a **beaucoup de** restaurants indiens à Londres.
J'ai vu **quelques** monuments intéressants.

● **La construction avec** *de (du, de la, etc.)*

La ville **de** Paris.
Un château **du** XVIᵉ siècle.
Un palais **de** l'époque de Louis XIII.

● **Situer**
*(voir prépositions et adverbes, pp. 46 et 47)*

La cathédrale Notre-Dame **se trouve** dans l'île de la Cité.
Elle **est située** au bord de la Seine.

━━━━ ▦ ÉTAPE 2 DU PROJET ━━━━

• Rédigez votre première lettre ou le début de votre journal de voyage.

• Racontez votre arrivée.
Donnez vos premières impresssions.

• Racontez votre première journée (ou vos premières journées).

• Décrivez ce que vous avez vu, entendu, etc.

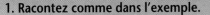

**Entraînez-vous**

**1. Racontez comme dans l'exemple.**

• se lever, s'habiller, faire le ménage
→ D'abord, je me suis levé. Ensuite, je me suis habillé, puis j'ai fait le ménage.

• aller à la poste, faire les courses, rentrer
→ ...

• visiter le Louvre, déjeuner au restaurant, aller au cinéma
→ ...

• écrire à Marie, téléphoner à Marie, se voir (Marie et vous)
→ ...

**2. Continuez comme dans les deux exemples.**

• Je suis allée à Barcelone. Et vous, ...
→ ... est-ce que vous êtes allé à Barcelone ?

• J'ai déjeuné au restaurant. Et toi, ...
→ ... est-ce que tu as déjeuné au restaurant ?

# Circonstances et incidents

## ■ Parler de la pluie et du beau temps

### ● Quel temps fait-il ?

 Il fait beau
Il fait soleil
Il y a du soleil

 Il y a des nuages

 Il neige
La neige tombe

 Il fait mauvais (temps)
Il pleut - pleuvoir (plu)
La pluie tombe

 Il fait un orage

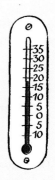

### ● Les saisons

le printemps
l'été
l'automne
l'hiver

**J'ai chaud.**

**J'ai froid.**

### ● Les températures

40° → Il fait très chaud
35° → Il fait chaud
20° → Il fait bon - Il fait 20 degrés
0° → Il fait froid
– 10° → Il fait très froid - Il fait moins dix

---

**1** Lisez ces extraits de bulletins météo.

**a)** Dans quelles régions de France, en quelles saisons sommes-nous ?

Bord de la Méditerranée - Bord de l'Atlantique - Montagnes des Alpes.

**b)** Vous habitez ces régions. On vous demande : « Quel temps fait-il aujourd'hui ? » Répondez.

« Ce matin, il y avait des nuages. Maintenant, il neige ... »

Nuages le matin. Neige l'après-midi à partir de 1000 mètres.
Température : – 15 degrés.

Beau temps chaud et ensoleillé le matin.
Orages dans l'après-midi.
Température : 33 °

Vent d'ouest très fort toute la journée.
Pluies.
Température : 12 °

**2** Voici le paysage que Marie voit de sa fenêtre. Voici ce qu'elle écrit en été.

« Il fait très chaud en ce moment. Heureusement, on peut se mettre au frais sous les arbres. Mais hier, nous avons eu un orage. »

Que pourrait écrire Marie en hiver, au printemps, en automne ?

Camille Pissarro, *Châtaigniers à Louveciennes,* musée d'Orsay, Paris.

■ **Raconter un incident**

**3** Observez ces images et ces titres de presse. Chacun correspond à une situation désagréable pour un voyageur ou pour un touriste. Pour chaque document :

**a)** Imaginez une courte scène avec votre voisin(e) :

*Exemple :* « Tu as vu. Le musée est fermé !
– Jusqu'à quelle heure ?
– C'est fermé pour cause de restauration.
– C'est un scandale ! On a fait 300 km pour voir ce musée ... »

**b)** Faites en deux lignes le récit de votre mésaventure.

*Exemple :* Nous sommes allés au musée des Beaux-Arts. Malheureusement, il était en restauration. Nous n'avons pas de chance.

■ **Pour s'informer**

- Qu'est-ce qu'il se passe ?
  Qu'est-ce qui se passe ? *(oral)*

- Qu'est-ce qu'il est arrivé ?
  Qu'est-ce qui est arrivé ? *(oral)*

Le musée est fermé pour cause de restauration

GRAVE ACCIDENT
SUR L'AUTOROUTE A9
3 morts - 26 blessés

GRANDS DÉPARTS DU 1er AOÛT
3 millions de voitures sur les routes

GRÈVE DES CONTRÔLEURS AÉRIENS
Des milliers de touristes attendent dans les aéroports

MÉTÉO : pluies et vent fort toute la semaine Températures en baisse

OBJETS TROUVÉS
FERMÉ

Alençon, s'il vous plaît ?

ALENÇON

L'HÔTEL EST COMPLET

BANQUE

OUVERT de 9h à 16h30

**ÉTAPE 3 DU PROJET**

- Rédigez la suite de votre journal de voyage ou une deuxième lettre.
- Continuez à raconter votre voyage, mais ajoutez des indications sur le temps qu'il fait.
- Racontez les incidents, les mésaventures qui vous sont arrivés.

## Prononciation

### Les sons [ɛ̃] - [œ̃]

**1** Écoutez. Dans quel ordre les groupes suivants sont-ils prononcés ?

**a)** un bon bain - un bambin - un bonbon
**b)** cinq cent-sept / sept cent-cinq / cent cinq sets (de tennis)
**c)** ma main - mes mains - maman
**d)** cent vingt - s'en vont - sans Vincent

**2** Répétez ces mots dans l'ordre ci-dessus.

**3** Répétez ces phrases.

Le brun cherche la brune.
Chacun sa chacune.
L'un est dans la lune,
L'autre se parfume.
Un et un font deux.
Un et une font une histoire
Bien commune
D'amoureux au clair de lune.

# LES FRANÇAIS VOUS RESSEMBLENT-ILS ?

**1** Lisez les informations des rubriques « Les prix » et « Les habitudes ». Observez les photos.

**Donnez votre opinion sur ces informations. Faites des comparaisons avec votre pays.**

---

■ **Exprimer la surprise – Comparer**

● **La surprise**

être étonné – surpris < choqué < indigné
c'est étonnant < surprenant < choquant

● **La ressemblance et la différence**

• c'est **pareil** – c'est la **même** chose
Ici, c'est **comme** à Marseille.
Pierre **ressemble** à Luc.
Pierre et Luc se **ressemblent**.

• ce n'est pas pareil – ce n'est pas la même chose – c'est **différent**
Pierre et Adrien sont différents.

---

## • Les prix

**Le prix des choses**

• une baguette ................................. 4 F
• un journal ........................... de 5 à 8 F
• un livre de poche ................ de 30 à 50 F
• un repas dans un petit restaurant ........ 100 F
• une nuit dans un hôtel deux étoiles :
    à Paris : ........................... 400 F
    en Province : ...................... 220 F
• un studio à Paris
    (quartier Saint-Germain) : ...... 600 000 F
• un studio dans une ville moyenne : ...250 000 F

**Salaire net par mois avant impôt à 35 ans :**

• un ouvrier qualifié ....................... 8 000 F
• un instituteur ........................... 8 000 F
• une infirmière dans un hôpital ........... 9 000 F
• une secrétaire bilingue ................. 8 000 F
• un technicien supérieur ............... 11 000 F
• une hôtesse de l'air ................. 13 500 F

**NB :** Salaire minimum interprofessionnel de croissance (SMIC) ≈ 5 400 F. .................14 500 F

---

## • Les habitudes

### Salutations

Les Français peuvent se dire « bonjour » à 7 heures du soir s'ils se voient pour la première fois de la journée. Les amis et les jeunes se font la bise facilement (entre femmes, entre hommes et femmes). On peut faire deux, trois, quatre bises…

### Petits déjeuners

Café noir, café au lait, chocolat au lait avec tartines de pain, un peu de beurre et de confiture, c'est tout.

### La nourriture

• Beaucoup de Français mangent du pain à tous les repas mais en petite quantité (630 grammes en 1920 – 120 grammes en 1991).
• Très peu de Français mangent des escargots, des grenouilles ou de la viande de cheval.
• Les vrais plats de fête du Français moyen sont aujourd'hui le foie gras et la langouste.
• Un quart des Français aime boire régulièrement un peu de vin aux repas (consommation moyenne : 20 litres par an).

• Quand ils ne mangent pas chez eux, les jeunes préfèrent les pizzerias ou des restaurants comme les « Mac Donald's ».

N'oubliez pas de composter votre billet avant de monter dans le train.

**Mon chien et moi**
25 millions de chiens, chats et oiseaux en France.
36 % des Français ont un chien.

## • <u>Les gens</u>

**2** Dans quelles situations les phrases suivantes peuvent-elles être prononcées ? Quel type de caractère montrent-elles ?

bavard / discret – poli / impoli

• « Combien je gagne ? Je ne sais pas. On ne pose pas cette question, monsieur ! »
• « Eh, dis donc [... !], c'est à moi de passer. »
• « Après vous, madame, je vous en prie. »
• « Vous savez, la dame du premier étage. Eh bien, son mari, ce n'est pas son mari ! »

**ÉTAPE 4 DU PROJET**

• Rédigez la suite de votre journal de voyage ou une troisième lettre.
• Dans votre récit, présentez ce qui vous a surpris, choqué, etc.
• Donnez des détails sur les habitudes et les modes de vie.

# Le culte des monuments

*Le château de Chambord (XVI<sup>e</sup> siècle) près de la Loire.*

*Pierres levées de Carnac en Bretagne (3 000 ans av. J.-C.).*

*L'Arche de la Défense à Paris.*

**L**es Français ont le culte des monuments. Pas un petit village sans ses vestiges de la Préhistoire, son château du XII<sup>e</sup> siècle et son association des « Amis du vieux village ».

La France est riche de nombreux vestiges du passé : de la Préhistoire (peintures des grottes de Lascaux, monuments religieux de Carnac), du Moyen Âge (églises et châteaux), de la Renaissance (châteaux de la Loire) et des XVII<sup>e</sup> et XVIII<sup>e</sup> siècles (châteaux, palais, hôtels particuliers).

Alors, aujourd'hui, comme Louis XIV avec Versailles, les présidents de la République veulent tous laisser leur monument aux générations futures. Avec le Centre Georges-Pompidou, le musée d'Orsay ou l'Arche de la Défense, ils préparent le passé du futur.

**1** Faites la liste des monuments de France que vous connaissez. Classez-les par époques (travail de groupes).

**2** Votre pays a-t-il aussi le culte des monuments ?

**3** Trouvez des idées pour faire vivre un monument historique.
*Exemple :* faire un spectacle de « son et lumières ».

## 1 Le récit au passé

Mettez les verbes entre parenthèses au passé composé ou à l'imparfait.

• Ce jour-là, Margot *(sortir)* à 2 heures de l'après-midi. C'*(être)* une belle journée de printemps. Il *(faire)* chaud. Elle *(se promener)* dans le parc et elle *(voir)* Vincent et Renaud assis à la terrasse d'un café.

« Qu'est-ce que tu *(faire)* hier soir ? a demandé Renaud.

– Je *(être)* fatiguée. Je *(rester)* chez moi. *(Il y a)* un film comique à la télé. Je *(rire beaucoup)*.

## 2 Les articles partitifs

Complétez avec un article défini, indéfini ou partitif.

• Comme boisson, il y a … jus d'orange et … bière. C'est … bière spéciale de Belgique. Est-ce que tu aimes … bière brune ?

• Nathalie aime … calme. Malheureusement, il y a … bruit dans son quartier.

• Vous avez … vacances en février ? Alors, allez skier à Val d'Isère ! Il y a … soleil, … neige et … pistes magnifiques.

## 3 Les mots de quantité

Remplacez les chiffres par les mots de la liste.

*beaucoup • peu • personne • plusieurs • quelques • quelqu'un*

40 élèves de lycée ont répondu à la question : « Qu'avez-vous fait samedi soir ? »

• 20 élèves sont allés au cinéma.

• 9 élèves sont allés danser.

• 7 élèves sont allés voir le match Paris-Nantes.

• 3 élèves ont travaillé.

• 1 élève est allé au théâtre.

• 0 élève, à l'opéra.

*Exemple :* **Beaucoup** d'élèves sont allés au cinéma.

## 4 La durée

Relisez le texte de l'exercice 1 page 36 et répondez par une phrase complète.

Nous sommes en 1992 …

• Depuis combien de temps Nathalie habite Marseille ?

• Depuis quand elle connaît son mari ?

• Pendant combien de temps est-elle restée à New York ?

• Combien de temps ont duré ses études à l'IUT de Melun ?

• Elle a passé combien d'années à l'étranger ?

## 5 Le caractère

Trouvez un adjectif pour caractériser chacun des comportements suivants. Donnez le contraire de cet adjectif.

*Exemple :* Elle aime raconter des histoires drôles. → Elle est amusante / triste.

**1.** Il s'intéresse à tout.

**2.** Elle travaille beaucoup.

**3.** Il aime commander.

**4.** Elle fait beaucoup de cadeaux à ses amis.

**5.** Il parle et sourit facilement à tout le monde.

## 6 Décrire les personnes

Votre voisin a été cambriolé. Vous avez vu les voleurs partir. Décrivez-les à la police.

« Il y avait deux personnes : un homme … »

## 7 *Échanges au restaurant*
**Imaginez et rédigez deux brefs dialogues.**

1. La cliente commande les plats et la boisson. Elle demande conseil au garçon.

2. Après le repas, le garçon demande l'appréciation de la cliente. Elle répond et demande l'addition, etc.

## 8 *Récit de voyage*
**D'après les dessins suivants, rédigez un récit de voyage en dix phrases.**

## 9 TEST CULTUREL
**a) Reliez la région avec le paysage qu'on peut y trouver.**

- les Alpes
- l'Alsace
- l'Auvergne
- la Côte d'Azur
- la Normandie

- des collines couvertes de vignes.
- des champs de pommiers.
- des plages et la mer.
- des sommets couverts de neige.
- des volcans.

**b) Trouvez dans la colonne de droite un mot représentatif de chaque mot de la colonne de gauche.**

- les années 70
- Paul Verlaine
- J.-Y. Cousteau
- la République française

- le buste de Marianne.
- la Deux-Chevaux.
- une poésie.
- l'exploration de l'océan.

# UNITÉ 4

## COMPRENDRE ET S'EXPRIMER

- Demander des renseignements.
- Faire face à des situations d'urgence.
- Manifester sa volonté – Interdire – Demander une autorisation.
- Conseiller – Rassurer.
- Exprimer un déroulement temporel.
- Utiliser les pronoms compléments.
- Parler du travail, de l'entreprise, des réalisations technologiques modernes.

## DÉCOUVRIR

- La vie de l'entreprise.
- Le téléphone et le Minitel.
- Les technologies de la communication.
- Les programmes de recherches européens.
- Quelques réalisations technologiques et culturelles récentes.

# Les affaires marchent

Hypermarchés, Agences de Voyages, Compagnies d'Assurances

Installez votre **POINT-ACCUEIL** pour une bonne communication entre vos clients et votre entreprise.

**LE POINT-ACCUEIL**
- dialogue avec vos clients,
- répond à leurs questions,
- montre les produits.

*Renseignements :* PERFORMANCE 2000
16, rue de la Paix 33000 Bordeaux

*Lundi 10 h. Éric Blanc, directeur de Performance 2000, parle avec une journaliste.*

**La journaliste :** Encore une question, monsieur Blanc, est-ce que vous exportez votre Point-Accueil ?

**É. Blanc :** Pas encore.

**La journaliste :** Vous ne faites jamais de publicité à l'étranger ?

**É. Blanc :** Nous venons de faire une opération publicitaire dans un pays d'Europe. Nous sommes en train de rencontrer les directeurs d'hypermarchés de ce pays et... nous allons voir.

**La journaliste :** Quand on est installé à Bordeaux, ce n'est pas difficile de travailler avec l'étranger ?

**É. Blanc :** Vous savez, nous sommes à l'époque de la télécopie et de la téléconférence. Alors, le lieu d'installation d'une entreprise n'a plus d'importance. Nos clients sont toujours très heureux de venir dans la région.

# PERFORMANCE 2000

| | |
|---|---|
| **Direction générale**<br>Éric Blanc | **Secrétariat général**<br>Myriam Haddad |
| **Service de la recherche et du développement**<br>20 analystes programmeurs<br>*Chef de service :* Pierre Gerbault | **Service du suivi des produits<br>et de la concurrence**<br>*Chef de service :* Annie Raymond |

| | | |
|---|---|---|
| **Service commercial**<br>*Directeur commercial*<br>Daniel Leprêtre | **Service financier**<br>*Chef comptable*<br>Michèle Legendre | **Service de la gestion<br>du personnel**<br>Bruno Fort |

**C**

*Lundi 11 h 30. La secrétaire d'Éric BLanc téléphone à une agence de voyages.*

**Myriam :** Allô, Danièle ? Bonjour. C'est Myriam, de Performance 2000. Vous vous rappelez, j'ai fait pour M. Blanc une réservation sur le vol Bordeaux-Paris de jeudi matin et une autre sur le Paris-Milan de jeudi soir avec retour direct sur Bordeaux le vendredi.

**Danièle :** Attendez, je regarde. Oui, c'est bien ça. Qu'est-ce qu'il y a ? Vous avez un problème ?

**Myriam :** Oui, M. Blanc a besoin de rester à Bordeaux jeudi... pour un gros client des assurances. Alors je voulais savoir : est-ce qu'il y a de la place sur le Bordeaux-Milan de 6 h 35 vendredi matin ?

**Danièle :** Pas de problème. Il reste de la place.

**Myriam :** Bien. Alors, je réserve une place sur ce vol. Je confirme le retour le soir. J'annule le Bordeaux-Paris et le Paris-Milan pour jeudi et j'annule aussi l'hôtel à Milan...

## *Le déroulement du temps*

■ **Présent progressif - passé récent - futur proche**

La secrétaire est en train d'imprimer la lettre.
• **être en train de + verbe**

Elle **vient de** taper la lettre sur son ordinateur.
• **venir de + verbe**

Elle **va mettre** la lettre au courrier.
• **aller + verbe**

**1** Retrouvez l'ordre des moments de la journée de M. Blanc et racontez, comme dans l'exemple.

• prendre une douche - se lever - s'habiller.
→ M. Blanc est en train de prendre une douche. Il vient de se lever. Il va s'habiller.

• prendre son petit déjeuner - monter dans sa voiture - aller au bureau.

• lire le courrier - arriver au bureau - répondre au courrier.
• décider avec le directeur commercial de faire une opération publicitaire - parler avec le directeur commercial - appeler le directeur commercial.
• dîner - rentrer chez lui - se coucher.

■ **La fréquence et la continuité**

● **La fréquence**

• Il va **toujours** au cinéma le samedi.

• Elle va **souvent** (**fréquemment**) au cinéma.

• Il va **quelquefois** au cinéma en semaine.

• Elle va au cinéma **deux fois** par semaine.

• Ils **ne** vont **jamais** au cinéma.

● **La continuité**

• C'est l'ancien directeur de la SEM. Il est à la retraite. Il **ne** travaille **plus**.

• Mais il va **encore** quelquefois dans son ancienne entreprise.

• Et il lit **toujours** les journaux financiers.

**2** Répondez ou posez les questions à votre voisin(e).

• **Vos habitudes de travail**
Est-ce que vous travaillez souvent ? quelquefois ? ...
Tôt le matin ? tard le soir ? pendant les week-ends ? ...
Est-ce que vous travaillez souvent seul ? en équipe ?

• **Votre comportement avec vos amis, vos collègues, les étrangers**
Est-ce que vous êtes toujours gentil (gentille), souriant(e) ... ?
Est-ce que vous êtes souvent amusant(e) ?
Est-ce que vous vous mettez souvent en colère ?

• **Vos loisirs**
Est-ce que vous allez souvent au théâtre ? à l'opéra ? ... au concert de rock? ...

**3** Comportements et pays. Discutez. Mettez en commun vos connaissances.

En France, dans votre pays, dans un autre pays... Qu'est-ce qu'on fait toujours ? Qu'est-ce qu'on ne fait jamais ? Qu'est-ce qu'on peut faire quelquefois ?

• **Les invitations**. Dîner à 18 h, à 20 h, à 22 h ?
Arriver à l'heure, en avance, en retard ?
Baiser la main d'une dame ?
Offrir des fleurs avant / après l'invitation ?
Être treize personnes à table ? *Etc.*

• **En voiture**. Conduire ③ vite / lentement ?
Conduire à gauche ? Se mettre en colère ? *Etc.*

• **Quand on rencontre un(e) ami(e), son directeur, un(e) inconnu(e)...**

**4** Les changements dans l'entreprise.

**a)** Lisez les deux paragraphes ci-dessous. Comparez les activités dans l'entreprise en 1970 et en 1995.
*Exemple :* Aujourd'hui, on ne tape plus les lettres à la machine. On utilise un ordinateur.

**Dans les entreprises en 1970**
• On tape toutes les lettres à la machine à écrire.
• On s'écrit beaucoup.
• Il y a beaucoup d'ouvriers pour fabriquer les produits.
• Après les heures de travail on oublie l'entreprise.
• On fabrique le produit. Puis, on cherche l'acheteur.

**Dans les entreprises en 1995**
• Des robots fabriquent les produits.
• Pour le courrier, on utilise l'ordinateur.
• On voyage beaucoup. On organise des vidéo-conférences.
• On cherche l'acheteur. Puis on fabrique le produit.
• On organise des week-ends de loisir pour se connaître.

**b)** Trouvez d'autres changements et d'autres différences entre les anciennes entreprises et les entreprises modernes.

• **Le travail**
Avant, on travaillait quarante heures par semaine. On avait quatre semaines de congés par an. Aujourd'hui, …

• **Les relations avec les chefs**
Avant, …
Aujourd'hui, …

• **Les relations avec les collègues**
Avant, …
Aujourd'hui, …

---

### Entraînez-vous

**1. Répondez pour elle comme dans les exemples.**

Elle fait beaucoup de sport.
Elle n'aime pas aller au spectacle.

• Vous faites souvent du tennis ?
 – Oui, je fais souvent du tennis.
• Vous allez souvent au théâtre ?
 – Non, je ne vais jamais au théâtre.

**2. On pose des questions à un retraité. Répondez pour lui comme dans l'exemple.**

• Vous travaillez encore ?
 – Non, je ne travaille plus.

# L'entreprise

**1** Professions et activités de l'entreprise. Observez la présentation de l'entreprise Performance 2000 *(B, p. 91)*.

• Lisez les phrases suivantes. Dans quel service travaillent ces personnes ?

**a)** Je recherche les nouveaux produits.
**b)** Je dirige l'entreprise.
**c)** Je vends les produits.
**d)** Je tape le courrier.
**e)** Je calcule le prix des produits.
**f)** Je gère et je paie le personnel.
**g)** Je fabrique les produits.
**h)** Je m'occupe du service après-vente. J'observe la concurrence.

• Trouvez d'autres mots (verbes ou noms) pour décrire les activités de ces services.

*Exemple :* service financier → compter - un comptable - la comptabilité.

**2** Observez les photos de cette page. Que font ces entreprises ? Quel est le service représenté ?

**3** Rassemblez dans un tableau le vocabulaire de l'entreprise. Suivez les étapes de la fabrication et de la commercialisation d'un produit.

| verbes | professions | activités |
|---|---|---|
| chercher rechercher | un chercheur | la recherche |

• Observez la construction des mots en français.
*Exemple :* vendre - un vendeur - la vente.

## ■ ÉVOLUTION DE L'EMPLOI EN FRANCE

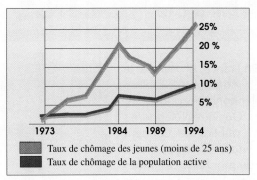

1973   1984   1989   1994

25%
20 %
15%
10%
5%

■ Taux de chômage des jeunes (moins de 25 ans)
■ Taux de chômage de la population active

**CHÔMAGE DES JEUNES :** • sans diplôme : **39 %**
• niveau Bac : **22 %**
• niveau Licence : **14 %**

**ÂGE DE LA RETRAITE :** 60 ans

**DE 1990 À L'AN 2000**

*Professions en hausse*
• Ingénieurs et cadres techniques                    + 18 %
• Professions libérales
  (médecins, avocats, etc.)                          + 18 %
• Techniciens                                        + 15 %
• Cadres administratifs et commerciaux               + 11%

*Professions stables*
• Commerçants                                        + 1%
• Fonctionnaires                                     + 1 %

*Professions en baisse*
• Ouvriers non qualifiés                             - 24 %
• Agriculteurs                                       - 30 %

La campagne française devient un désert

ENTREPRISE CHERCHE
**responsable technique**

10 mesures pour aider les jeunes en difficulté

**Chômage.**
Une solution :
le partage du travail

**Grève des enseignants pour demander de nouveaux postes**

**4** Commentez le tableau ci-dessus. Comparez avec ce qui se passe dans votre pays.

Utilisez :
• être en hausse - augmenter ( ╱ )
• être en baisse - baisser - diminuer ( ╲ )
• rester stable ( ⟶ )

**5** Rédigez un texte de quelques lignes pour présenter les informations du tableau.
« En France, le chômage a augmenté depuis le début des années 70 ... »

**6** Lisez les titres de presse ci-contre. Quelles informations du tableau illustrent-ils ?

## Prononciation

### Les sons [t] - [d]

**1** Écoutez les mots. Notez s'ils contiennent les sons [t] et [d].

|            | [t] | [d] |
|------------|-----|-----|
| la date    | +   | +   |
| l'addition |     | +   |

**2** Dans quel ordre entendez-vous les mots des groupes suivants ?
• le temps - la dent              • le thé - le dé

• tout - doux                     • vite - vide
• tu peins - du pain              • trois - droit
• je pars l'été - je pars l'aider

**3** Répétez ces groupes dans l'ordre ci-dessus.

**4** Pour une bonne articulation, faites comme les acteurs de théâtre. Prononcez ces phrases.
• Si ton tonton tond mon mouton, ton tonton sera tondu.
• Didon dîna du dos d'un dodu dindon.
• Ton thé t'a-t-il ôté ta toux ?

# S'INFORMER – LE TÉLÉPHONE ET LE M

**Pour téléphoner :**
• **de France... en France :** faire le numéro de 10 chiffres (à partir de fin 1996).
*Exemple :* 0466238308
Les deux premiers chiffres représentent une des cinq grandes zones géographiques.
• **de France à l'étranger :** 00 + tonalité + indicatif du pays + numéro du correspondant.
**Pour demander un renseignement :** faire le 12.

En France, on trouve de nombreuses cabines téléphoniques publiques. Quelques téléphones publics fonctionnent encore avec des pièces de monnaie. Les autres fonctionnent avec une **carte de téléphone** ou avec une **carte bancaire.**

**1** **Lisez les informations ci-dessus. Imaginez que vous êtes un Français et dialoguez avec votre voisin(e).**
**a)** Vous expliquez à votre voisin(e) comment on téléphone en France.
**b)** Votre voisin(e) vous explique comment on téléphone dans son pays.

**2** **Écoutez ces débuts d'échanges téléphoniques et complétez le tableau.**

|  | 1 | 2 | 3 | 4 |
|---|---|---|---|---|
| Qui appelle-t-on ? | | | | |
| Qui appelle ? | | | | |
| La communication est-elle possible ? | | | | |
| Pourquoi ? | | | | |
| Va-t-on rappeler ? | | | | |

■ **Téléphoner**

• Téléphoner à...
• Passer (donner) un coup de fil à...
• Appeler...
} quelqu'un

→ **Il y a un problème :**
• Ça ne répond pas.
• La ligne est occupée.
• « Vous avez fait un faux numéro. »
• « M. Blanc est en réunion. Vous voulez laisser un message ou vous rappelez dans une heure ? »

→ **On tombe sur le répondeur :**
« Vous êtes bien chez Margot Fontaine. Vous pouvez laisser un message après le bip sonore. »

---

■ **Se renseigner – Faire une réservation**

**Pour se renseigner**

• Je voudrais savoir...
• Est-ce que vous pourriez me dire...
• Est-ce que vous pourriez m'indiquer...
}
le nom de... ?
où est la rue... ? quand part le train de... ?
si le vol de 8 h est complet ? s'il y a de la place... ?

**Réserver – Confirmer une réservation – Annuler une réservation**

→ **une place** dans le train de 8 h pour Marseille
      sur le vol de 8 h pour Bordeaux

→ **une place** côté fenêtre / côté couloir
      fumeur / non-fumeur

→ **une place** pour le spectacle du...

→ **une chambre** pour la nuit du 8 février pour une, deux,... personnes
      une chambre à un lit, une chambre double, avec douche, toilettes, baignoire

→ **une table** pour quatre, pour le...

**3** **a)** Observez les lieux et les situations ci-contre. Pour chaque photo, imaginez une scène de demande d'information ou de réservation (travail à faire en groupe).

*Exemples :* À Air France, vous annulez votre réservation et vous faites une autre réservation.

À l'agent de police, vous demandez votre chemin pour aller ...

**b)** Rédigez une lettre de demande d'information. Vous écrivez au syndicat d'initiative de Chambon-sur-Lignon (Auvergne). Vous demandez :
• les possibilités de camping,
• les activités sportives possibles (et celles que vous préférez), etc.

**SYNDICAT D'INITIATIVE**

*AIR FRANCE*

*GARE DE LYON* **Informations**

Office du tourisme

## 36.17 ELECTRE
LES TITRES, LES AUTEURS, LES SUJETS, LES ÉDITEURS DE 350 000 LIVRES EN FRANÇAIS.

### 36.15 N.F.
CATALOGUE, PROMOTIONS, RÉSERVATIONS, INFORMATIONS DIVERSES DE NOUVELLES FRONTIÈRES

**NOUVELLES FRONTIÈRES**

1 Destinations et réservations
2 Guide pratique des pays
3 Annonces. Courriers
4 Forum d'informations
5 Tours du monde
6 Rendez-vous aéroport
7 N.F. Pratique
8 Promotions du jour

On ne vit que mille fois

9 Voyages d'affaires
10 Avec l'école de langues, testez votre niveau

VOTRE CHOIX → ☐ ENVOI

• Le Minitel

Avec le Minitel, installé en France depuis 1984, on peut :
• rechercher une information pratique (le titre d'un livre, le résumé d'un film, etc.),
• commander un produit,
• faire ou annuler une réservation, etc.

**4** Lisez le menu (sommaire) du programme de l'agence de voyages Nouvelles Frontières.

• Quelles informations allez-vous avoir à chaque rubrique ?
• Imaginez le menu de la page 2 du programme si vous tapez ①-②-⑦.
• Imaginez la première page d'un programme Minitel pour votre ville.

# Un après-midi à problèmes

*Lundi 14 h. Éric Blanc réunit ses collaborateurs.*

**É. Blanc :** Je vous ai réunis pour préparer la journée de jeudi. M. Levaud, le directeur des assurances Alma, et sa collaboratrice, Mme Marzac, viennent essayer leur logiciel. Il faut, vous m'entendez bien, il faut avoir ce marché des assurances Alma... Alors, monsieur Gerbault, ce logiciel est prêt ?

**P. Gerbault :** Je le finis demain. Nous faisons les dernières vérifications.

**É. Blanc :** Très bien. Faites-les et appelez-moi ! Moi aussi, je veux le vérifier, ce logiciel. Madame Raymond, vous avez préparé les contrats de suivi ?

**A. Raymond :** Les voici.

**É. Blanc :** Merci beaucoup. Vous avez fait très vite. Vous permettez ? Je les prends. Je vais les étudier...

*Lundi 15 h 30. Annie Raymond demande un congé.*

**A. Raymond :** Je suis désolée, monsieur Blanc. On vient de m'appeler de l'école. Un de mes enfants est malade. Est-ce que vous me permettez de partir ?

**É. Blanc :** Mais bien sûr, madame Raymond. Il n'y a rien de grave ?

**A. Raymond :** Je ne sais pas. Mais si c'est grave, est-ce que vous m'autorisez à prendre quelques jours de congés ?

**É. Blanc :** C'est un peu embêtant, ça... Essayez de trouver quelqu'un pour s'occuper de votre enfant... Et soyez là jeudi, hein ? Nous avons besoin de vous. Il nous faut réussir à avoir le marché Alma.

*Lundi 16 h. Daniel Leprêtre donne sa démission.*

**D. Leprêtre :** Je vous dérange, monsieur Blanc ?

**É. Blanc :** Pas du tout. Entrez ! Qu'est-ce que je peux faire pour vous ?

**D. Leprêtre :** Eh bien voilà... Multimédia est prêt à m'engager...

**É. Blanc :** Vous allez nous quitter ?

**D. Leprêtre :** Ben oui... Vous savez, je suis très bien ici, mais...

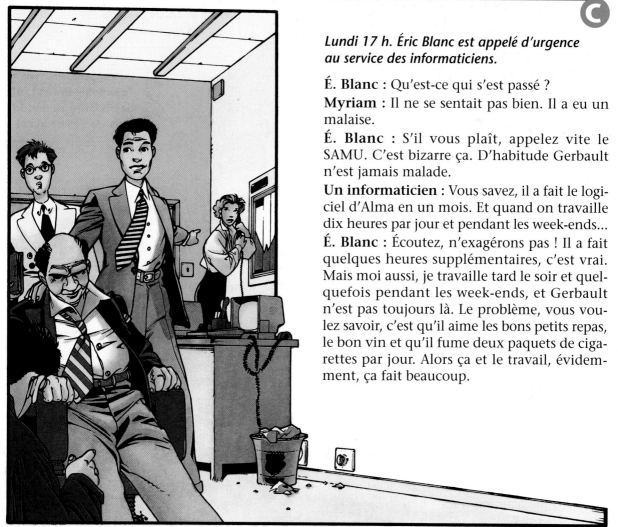

*Lundi 17 h. Éric Blanc est appelé d'urgence au service des informaticiens.*

**É. Blanc :** Qu'est-ce qui s'est passé ?

**Myriam :** Il ne se sentait pas bien. Il a eu un malaise.

**É. Blanc :** S'il vous plaît, appelez vite le SAMU. C'est bizarre ça. D'habitude Gerbault n'est jamais malade.

**Un informaticien :** Vous savez, il a fait le logiciel d'Alma en un mois. Et quand on travaille dix heures par jour et pendant les week-ends...

**É. Blanc :** Écoutez, n'exagérons pas ! Il a fait quelques heures supplémentaires, c'est vrai. Mais moi aussi, je travaille tard le soir et quelquefois pendant les week-ends, et Gerbault n'est pas toujours là. Le problème, vous voulez savoir, c'est qu'il aime les bons petits repas, le bon vin et qu'il fume deux paquets de cigarettes par jour. Alors ça et le travail, évidemment, ça fait beaucoup.

# Les pronoms compléments directs

## ■ Les pronoms compléments directs

Pierre Gerbault n'a pas fini **le logiciel**. Il **le** finit demain.

Le complément est direct.
Il n'est pas précédé d'une préposition.

| |
|---|
| Elle **me** connaît |
| Elle **te** connaît |
| Elle **le/la** connaît |
| Elle **nous** connaît |
| Elle **vous** connaît |
| Elle **les** connaît |

**NB :** me, te, le, la devant voyelle ou *h* → m', t', l'
Elle **m'**appelle - Elle **t'**appelle - Elle **l'**appelle.

### ● À la forme négative

• Vous connaissez Guy Levaud ?
– Non, je ne **le** connais pas.

### ● Au passé composé

• Vous avez vu l'exposition de Picasso ?
– Oui, je **l'**ai vue, mais Charles ne **l'**a pas vue.

### ● À l'impératif

| | |
|---|---|
| Écoute-moi ! | Ne m'écoute pas ! |
| Écoute-le ! Écoute-la ! | Ne l'écoute pas ! |
| Écoute-nous ! | Ne nous écoute pas ! |
| Écoute-les ! | Ne les écoute pas ! |

Allez, salut. Je t'appelle ou tu m'appelles ?

Je t'appelle vendredi. Tu connais Eva et Léa ? Je les invite au restaurant. Je t'invite aussi.

**NB :** Accord du participe passé après l'auxiliaire *avoir* : il s'accorde avec le complément direct quand ce complément est placé avant le verbe. C'est généralement le cas quand ce complément est un pronom.

• Tu as vu ces films ? – Je **les** ai vu**s**.
• Tu as pris cette route ? – Je **l'**ai pris**e**.
• Tu as écouté ces chansons ? – Je **les** ai écout**ées**.

---

**1** Récrivez ce texte oral en remplaçant les mots en italique par des pronoms.

*Exemple :* Oui, Pierre Gerbault travaille à Performance 2000. **Je le connais bien.**

Éric Blanc parle de Pierre Gerbault à un autre directeur d'entreprise.
« Oui, Pierre Gerbault travaille à Performance 2000... Je connais bien *Pierre Gerbault*. Et sa femme aussi. Je connais bien *sa femme*. Elle travaille à la gestion du personnel... Pierre Gerbault est toujours très gentil avec ses collègues. Il aide *ses collègues*. Il conseille *ses collègues*. Il est parfait. C'est comme pour son travail. Il fait toujours *son travail* sérieusement. »

**2** Répondez à ces questions sur Performance 2000 comme dans l'exemple (*voir B, p. 91*).

Pierre Gerbault dirige le service commercial ?
– Non, il ne le dirige pas.

• Éric Blanc dirige l'entreprise Performance 2000 ?
• Pierre Gerbault fabrique les logiciels ?
• Annie Raymond paie le personnel ?
• Myriam Haddad tape les lettres de M. Blanc ?
• Daniel Leprêtre gère le personnel ?
• Daniel Leprêtre vend les Points-Accueil ?

**3**    Répondez pour Myriam selon les indications.

**C'est le matin. Éric Blanc entre dans le bureau de Myriam.**

*É.B. :* Bonjour, Myriam. Vous préparez la documentation pour Alma ?

*M. :* Oui, je la prépare.

*É.B. :* Après, vous tapez les lettres pour les hypermarchés ?

*M. :* Oui, ...

*É.B. :* Et cet après-midi vous faites les contrats Intermédia ?

*M. :* Non, ... C'est mon après-midi de congé.

*É.B. :* Intermédia vous a appelé ?

*M. :* Oui, ...

*É.B. :* M. Levaud m'a appelé ?

*M. :* Non, ...

*É.B. :* Mme Raymond a apporté ses contrats de suivi ?

*M. :* Non, ...

**4**    M. Blanc donne des ordres à son personnel. Continuez comme dans l'exemple.

• P. Gerbault doit vérifier le logiciel.

→ Vérifiez-le !

• Myriam doit taper le rapport annuel.

→ ...

• Elle doit corriger les lettres.

→ ...

• Elle ne doit pas préparer le voyage de M. Blanc en Espagne.

→ ...

• Daniel Leprêtre doit préparer l'opération publicitaire.

→ ...

• Il doit rencontrer les publicitaires.

→ ...

• Il ne doit pas écouter les commerciaux concurrents.

→ ...

• On ne doit pas déranger M. Blanc en fin d'après-midi.

→ ...

**5**    Lisez ces deux extraits de poèmes. Relevez les pronoms sujets ou compléments. Donnez une personnalité à ces pronoms et au mot « Monsieur » (poème de G. Norge).
• Imaginez un poème construit comme l'un de ces poèmes.

*Exemple :* Un jour, dans un concert, je t'ai entendu(e).
           Un jour, dans une rue, je t'ai vu(e). *Etc.*

> J'ai regardé devant moi
> Dans la foule je t'ai vue
> Parmi les blés je t'ai vue
> Sous un arbre je t'ai vue [...]
>
> L'été l'hiver je t'ai vue
> Dans ma maison je t'ai vue
> Entre mes bras je t'ai vue
> Dans mes rêves je t'ai vue [...]
>
> Paul ÉLUARD, « Air vif », *Derniers Poèmes d'amour*, © Seghers, 1951.

> Je vous dis de m'aider,
> Monsieur est lourd.
> Je vous dis de crier,
> Monsieur est sourd.
> Je vous dis d'expliquer,
> Monsieur est bête.
> Je vous dis d'embarquer,
> Monsieur regrette.
> Je vous dis de l'aimer,
> Monsieur est vieux.
>
> Géo NORGE, *Famines*, 1950.
> © A. A. M. Stols.

## Entraînez-vous

**1. On pose des questions à M. Blanc. Répondez pour lui. Répondez *oui*.**

• Vous connaissez Pierre Gerbault ?
  – Oui, je le connais.

**2. On vous interroge. Répondez *oui* ou *non*.**

• Vous aimez la cuisine française ?
  – Oui, je l'aime.
  – Non, je ne l'aime pas.

**3. Une mère donne des conseils à son fils. Continuez comme dans l'exemple.**

• Tu dois écouter tes professeurs ! → Écoute-les !

**4. Il vient de visiter l'entreprise Performance 2000. Il a tout vu. Répondez pour lui.**

• Vous avez rencontré M. Blanc ?
  – Oui, je l'ai rencontré.

# *Vouloir et pouvoir*

## ■ Obligation et interdiction

- **devoir + verbe**

  **il faut** ⎫ + nom
  **il me faut** ⎬ + verbe

  Je dois partir
  Il me faut un billet
  Il me faut partir
  Il est nécessaire de... / Il n'est pas nécessaire de...
  C'est obligatoire / facultatif

- **autoriser - permettre** ㉜

  Il est permis de...
  Je vous autorise à... Je vous permets de...

- **interdire** ㊳

  Il est interdit de...
  Je vous interdis de...

- **défendre** ⑱

  Il est défendu de...
  Je vous défends de...

> Vous m'autorisez à rester quelques minutes ?

> Non, monsieur, c'est impossible. Le stationnement est interdit.

**NB :** *Interdire, défendre, permettre, il faut* se construisent avec les pronoms compléments indirects *(voir p. 108).*

---

**1** Observez les panneaux ci-contre. Où peut-on les trouver ? Que signifient-ils ?

*Exemple :* ① On peut le trouver à l'entrée d'un magasin ou d'un bureau. Il signifie : « Il est interdit d'entrer avec des animaux. »

**2** 🎧 Écoutez les trois dialogues. Notez.
**a)** Devant quel panneau (ci-contre) se déroule la scène ?
**b)** Qui sont les personnages ?
**c)** Quel est le problème ?
Relevez les formules d'interdiction, de demande d'autorisation et d'excuse.

**3** Sur le modèle des scènes de l'exercice 2, imaginez, rédigez et jouez une scène se déroulant devant un de ces panneaux.

> **RÈGLEMENT**
>
> 1. Veuillez respecter les horaires.
> 2. Il est interdit de laisser entrer des personnes étrangères au service.
> 3. Il est défendu de fumer dans les bureaux, les ateliers et les couloirs. Deux salles sont réservées aux fumeurs.
> 4. Limitez le nombre d'appels téléphoniques personnels.

① 
⑤ ENTRÉE INTERDITE À TOUTE PERSONNE ÉTRANGÈRE AU SERVICE
② DÉFENSE DE FUMER
⑥ 
③ 
⑦ BAIGNADE INTERDITE
④ ATTENTION AU FEU
⑧ ACCÈS INTERDIT TRAVAUX DE RESTAURATION
⑨ VEUILLEZ NE PAS STATIONNER S.V.P. 1070 RT 30.

**4** Lisez ci-contre les quatre premiers articles du règlement de la société Performance 2000. Rédigez un règlement de huit articles pour votre classe, votre immeuble ou pour un camping.

**5** Observez ces photos. Utilisez le vocabulaire du tableau.

**a)** Image Ⓐ : imaginez le commentaire sportif.
« Elle a fait un premier essai … »
**b)** Images Ⓑ et Ⓒ : imaginez ce qui s'est passé.
Pourquoi sont-ils heureux / malheureux ?

■ **Réussites et échecs**

- **essayer de**… - un essai
  Je vais essayer d'arriver à l'heure.
- **réussir à** un examen - une réussite - un succès
  J'ai réussi à arriver à l'heure.
- **échouer** à un examen - un échec
  L'opération publicitaire a échoué.

Ⓐ *Championnats d'Europe, août 1994.*

Ⓑ *Après les résultats du bac…*

Ⓒ *Le président Mitterrand au Panthéon en 1981.*

## Prononciation

### Les sons [k] - [g]

**1** Répétez les phrases.
Sur un quai pas très gai
De la gare des cars,
Un célèbre humoriste
Demande à l'employé :
– C'est le car pour Caen ?
– Non, c'est le car pour Gand.
– Et il part quand pour Gand ?
– À « et quart ».
– Ça me va comme un gant. Je pars pour Gand.

**2** Écoutez le poème en entier. Puis, répétez les phrases. Imitez l'intonation expressive.

Voyage dans la lune

Ah ! vous allez là-bas
Oui
Vous savez où c'est ?
Non mais je connais
Et vous emmenez tous ces bagages ?
Oui
Jamais jamais
Vous entendez
Jamais vous n'arriverez
Là-bas
Avec tout ça

Philippe Soupault, *Georgia, Épitaphes, Chansons*, © Philippe Soupault, 1984.

# SITUATIONS D'URGENCE

*Les pompiers*

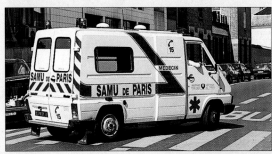
*Le SAMU*

*La police et la gendarmerie*

## SOS SANTÉ URGENCES

☎ **18** **Les pompiers**

Ils ne s'occupent pas seulement des incendies. Ils peuvent vous porter secours dans de nombreuses situations : accidents de la route, noyades, blessures, malaises, etc. Des guêpes se sont installées sous votre toit, votre petit chat est incapable de descendre de l'arbre où il est monté : appelez aussi les pompiers !

☎ **15** **Le SAMU**

Vous pouvez appeler le Service d'aide médicale urgente de l'hôpital en cas d'accident et pour tous les problèmes graves de santé.

☎ **17** **La police et la gendarmerie**

La police s'occupe de la sécurité dans les villes. La gendarmerie s'occupe des campagnes et des routes. Appelez la police en cas de vol, de cambriolage, d'agression, d'enlèvement ou d'accident.

**Dans les pages locales des journaux**

• Pharmacies, médecins, dentistes et vétérinaires de garde la nuit ou pendant le week-end.
• Organismes d'aide psychologique aux alcooliques, aux drogués, aux personnes malades du sida, aux personnes seules, etc.

---

**1** Lisez le tableau ci-dessus. Classez les problèmes.

| Problèmes de santé | Problèmes de sécurité | Autres problèmes |
|---|---|---|
| | vol | |

• Trouvez d'autres problèmes pour compléter les listes.
• Faites la liste de toutes les personnes qui s'occupent de la santé et de la sécurité.

**2** Que fait-on, que dit-on dans les situations suivantes ?

**a)** Il y a le feu dans une chambre de l'hôtel.

**b)** Une voiture renverse un piéton.

**c)** Un homme âgé a un malaise dans la rue.

**d)** On a cambriolé le bureau du directeur de l'école.

*Exemple :*

**a)** « On appelle ... On dit ... Puis on essaie ... »

■ **Comment allez-vous ? Comment vous sentez-vous ?**

- Je suis en pleine forme

- Je (ne) vais } très bien
  Je (ne) me sens } bien
  } pas très bien
  } mal

- Je suis malade / en bonne santé

- Je vais mieux - Je suis guéri

- mourir ⑰ - la mort

- **avoir mal...**
  à la tête, aux dents, au ventre,
  au cœur (avoir des nausées)

- se faire mal (au bras, etc.) – se blesser
  (à la tête, etc.) – se casser une jambe, etc.

- avoir des difficultés pour marcher,
  lever le bras, etc.

- être fatigué, stressé.

**3** **Quelles sont les conséquences des situations suivantes sur leur santé ? Imaginez les scènes.**

**a)** Gérard a fait un repas de fête. Il a beaucoup mangé, beaucoup bu, beaucoup fumé. Imaginez la scène le lendemain matin au petit déjeuner.

**b)** Sophie travaille dix heures par jour. Elle a des problèmes avec son patron, son mari, son fils de 15 ans. Elle va voir son médecin.

**c)** Après une année de travail difficile, Éric Blanc est parti en vacances un mois aux Bahamas. En septembre, il revient à Performance 2000.

**d)** Nathalie repeint le salon avec Gérard. Elle tombe de l'échelle.

**4** **Lisez et commentez l'article et les couvertures des magazines ci-dessous.**

## La santé des Français

**« Je suis déprimé »**

Les Français sont, en Europe, les premiers consommateurs de médicaments tranquillisants : conséquence du chômage, du stress au travail, de la solitude, etc. Les « psy » (psychologues) sont partout : à l'école, dans l'entreprise, à côté des sportifs, dans les médias. À la télévision, les « reality shows », émissions où les gens parlent de leurs problèmes, ont beaucoup de succès.

**« Je veux être bien dans ma peau »**

Les Français sont heureux quand ils peuvent dire : « je suis en pleine forme » ; « je suis bien dans ma peau ».
Dans leurs loisirs et leur vie quotidienne, ils cherchent à réaliser ce rêve. De nombreux magazines leur disent comment être en forme et comment changer de « look ».

# Tout est bien qui finit bien !

**A**

*Jeudi 8 h 30. À l'aéroport de Bordeaux. Éric Blanc et Daniel Leprêtre accueillent les responsables d'Alma, Guy Levaud et Florence Marzac.*

**G. Levaud :** Monsieur Blanc, je suppose. Je suis Guy Levaud et voici ma collaboratrice, Florence Marzac.

**É. Blanc :** Bonjour, madame... monsieur... Je suis très heureux de faire enfin votre connaissance.

**G. Levaud :** Et nous aussi. Je vous remercie d'être venu nous attendre.

**É. Blanc :** Mais c'était bien normal. Vous avez fait bon voyage ?

**G. Levaud :** Mme Marzac a juste un petit problème. Il lui manque sa valise. Je vous demande cinq minutes. Je vais faire une réclamation.

**F. Marzac :** Non, restez avec M. Blanc. J'y vais.

**D. Leprêtre :** Attendez, madame ! Donnez-moi votre billet. Je vais m'occuper de ça. Je leur dis quoi ? De l'envoyer à votre hôtel ? à notre bureau ?

*Jeudi 9 h 30*

**É. Blanc :** Bonjour, Myriam. Comment va M. Gerbault ? Je lui ai téléphoné hier soir. Il allait mieux.

**Myriam :** Il vient d'arriver.

**É. Blanc :** Il est formidable, ce Gerbault. Dites-lui de venir dans la salle de réunion !

*Jeudi 10 h*

**É. Blanc :** Voilà, je vous laisse avec M. Gerbault. Et n'oubliez pas ! Ce soir, je vous emmène tous au restaurant. Nous allons goûter les spécialités bordelaises et les vins de la région.

**G. Levaud :** Dans ce cas, après, vous nous ramenez à notre hôtel ?

**É. Blanc :** C'est promis... À ce soir !

**G. Levaud :** Dites-moi, monsieur Gerbault, qu'est-ce qui se passe si un client ne sait pas utiliser un ordinateur ?

**P. Gerbault :** Ne vous inquiétez pas ! Toutes les opérations sont représentées par un dessin. Un enfant peut les faire.

**G. Levaud :** Et un adulte ?

**P. Gerbault :** Un adulte aussi. Rassurez-vous ! Tenez, je vous donne un exemple. Si un de vos clients veut faire une déclaration d'accident, il appuie sur le dessin « accident » et le Point-Accueil va l'interroger... Mais vous ne m'écoutez pas... À quoi pensez-vous ?

**G. Levaud :** Excusez-moi. Je pensais au restaurant de ce soir. J'imaginais un restaurant sans maître d'hôtel, sans serveur, avec un Point-Accueil sur chaque table...

## Un exemple de réussite : Performance 2000

**P**erformance 2000, dirigée par le jeune et dynamique Éric Blanc, n'a pas peur de la crise économique. Cette PME du secteur multimédia, installée à Bordeaux, commercialise les « Point-Accueil », petites merveilles de la technologie moderne. Exemple d'utilisation de ces bornes interactives : vous entrez dans un hypermarché à la recherche d'essuie-glaces pour votre voiture. Le Point-Accueil vous aide à trouver le modèle adapté à la marque et à l'année de votre véhicule...

# Les pronoms compléments indirects de personnes

## ■ Les pronoms compléments indirects de personnes

Je n'ai pas encore répondu à **Marie.** Je **lui** réponds tout de suite.

Le complément est indirect.
Il est précédé de la préposition *à*.

| | | |
|---|---|---|
| Elle | **me** | répond |
| Elle | **te** | répond |
| Elle | **lui** | répond |
| Elle | **nous** | répond |
| Elle | **vous** | répond |
| Elle | **leur** | répond |

• Beaucoup de verbes construits avec la préposition *à* sont des verbes de communication.

| | | |
|---|---|---|
| parler à... | écrire à... | téléphoner à... |
| raconter à... | montrer à... | demander à... |
| envoyer à... | offrir à... | donner à... |
| dire à... | répondre à... | souhaiter à... |

● **À la forme négative**

En vacances, vous écrivez à vos amis ? – Non, je ne leur écris pas.

● **Au passé composé**

Vous avez écrit à Pierre ? – Je lui ai téléphoné mais je ne lui ai pas écrit.

● **À l'impératif**

| | |
|---|---|
| Écrivez-moi ! | Ne me téléphonez pas ! |
| Écrivez-lui ! | Ne lui téléphonez pas ! |
| Écrivez-nous ! | Ne nous téléphonez pas ! |
| Écrivez-leur ! | Ne leur téléphonez pas ! |

Parle-moi de toi !
Raconte-moi ta vie !
Ne lui téléphone plus !
Ne lui écris plus !

---

**1** Complétez avec un pronom.

**Dialogue entre deux jeunes filles de 19 ans.**

*Léa :* Pendant les vacances, j'ai rencontré un garçon très sympa. Malheureusement, il habite en Belgique.
*Eva :* Il **t'**écrit ?
*Léa :* Oui, il ... écrit souvent.
*Eva :* Et tu ... réponds ?
*Léa :* Bien sûr.
*Eva :* Et il ... téléphone ?
*Léa :* Il ... téléphone ou je ... téléphone. Mes parents ne comprennent pas pourquoi les notes de téléphone augmentent.

*Eva :* Tu ne ... as pas dit ?
*Léa :* Non, pas encore.
*Eva :* À propos de parents, je voudrais ... demander un conseil. Figure-toi que Cyril ... a demandé de vivre avec lui.
*Léa :* Tu ... as dit oui ?
*Eva :* Évidemment. Mais je suis embêtée pour mes parents. Qu'est-ce que je ... dis ? Je ... demande l'autorisation ?
*Léa :* Tu es majeure. Tu n'as pas besoin de ... demander d'autorisation. Mais parle ... et explique ... ta situation !

**2** Que faites-vous, que se passe-t-il dans les circonstances suivantes ? Utilisez en priorité les verbes du tableau et des constructions avec un pronom.

• C'est l'anniversaire de votre ami(e). → Je lui fais un cadeau. Je lui offre ...

• C'est votre anniversaire. → ...
• Vous vous êtes disputé(e) avec votre ami(e). → ...
• Votre ami(e) est triste. → ...
• Vous êtes déprimé(e). → ...
• Votre ami(e) vous annonce qu'il(elle) va se marier. → ...

**3** Donnez des ordres à la place de M. Blanc, comme dans l'exemple.

• Myriam doit téléphoner à M. Gerbault. Elle doit lui souhaiter une guérison rapide.
→ Téléphonez-lui ! ...
• Myriam doit répondre aux responsables d'Intermédia.
→ ...
• Myriam doit acheter un cadeau pour Mme Marzac.
→ ...
• M. Leprêtre ne doit pas montrer le nouveau logiciel aux concurrents.
→ ...
• M. Leprêtre ne doit pas envoyer les contrats aux hypermarchés Uno.
→ ...
• Mme Raymond ne doit pas écrire à M. Dulac.
→ ...
• Myriam ne doit pas passer de communications à M. Blanc.
→ ...
• Myriam ne doit pas répondre au directeur de la SPEN.
→ ...

**4** Rédigez les dialogues et jouez les scènes. Utilisez les pronoms compléments directs ou indirects.

• **Ils organisent une grande soirée. La veille, ils font le point.**

Inviter tout le monde, téléphoner à..., préparer, décorer la salle, choisir les disques, installer les tables, etc.
• Tu as acheté les boissons ?
– Oui, je les ai achetées.
• Tu as invité les Richard ...

• **Ils reviennent de la soirée. Ils font le point. Ils parlent des gens, du repas, du lieu, *etc.***

« Tu as parlé à Noëlle Richard ?
– ...
– Tu lui as raconté ... ? »

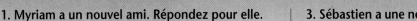

**Entraînez-vous**

**1. Myriam a un nouvel ami. Répondez pour elle.**
• Tu téléphones souvent à Patrick ?
– Oui, je lui téléphone souvent.

**2. Myriam parle de son ancien ami. Répondez pour elle.**
• Tu lui téléphones ?
– Non, je ne lui téléphone pas.

**3. Sébastien a une nouvelle amie. On lui donne des conseils. Continuez comme dans l'exemple.**
• Tu dois faire un cadeau à Sylvie. → Fais-lui un cadeau.
• Tu ne dois pas lui offrir du parfum. → Ne lui offre pas de parfum.

# Communication - Échanges - Suppositions

**1** Lisez les phrases suivantes. Elles sont prononcées dans cinq situations différentes. Quelles sont ces situations ? Trouvez deux phrases par situation.

*Exemple :* féliciter → Bravo ! - Je vous félicite.

Ne t'inquiète pas !

J'accepte.

Je vous félicite.

Bravo !

Je te demande pardon.

Je te remercie.

Excuse-moi.

Merci beaucoup.

Rassure-toi !

Je suis désolé.

Je suis d'accord.

• 🎧 Écoutez cinq dialogues qui illustrent ces situations. Complétez le tableau.

| les personnages | la situation | les formules ci-dessous |
|---|---|---|
| **1.** Une mère et son fils | Le fils revient de voyage. Il offre un cadeau à sa mère. | Merci beaucoup. Je te remercie. |

■ **Les échanges**
- donner → prendre • offrir → recevoir ㉑
- envoyer → recevoir • prêter → emprunter
  └ rendre ⑱ ┘

**2** Que faites-vous, que dites-vous dans les situations suivantes ? Imaginez un bref dialogue pour chaque situation. Utilisez les verbes du tableau.

**a)** Vous venez de passer une semaine chez des amis. C'est le jour de votre départ.
**b)** Vous êtes chez des amis. Un livre de leur bibliothèque vous intéresse.
**c)** Votre ami(e) vient de réussir à un examen important.
**d)** Vous invitez votre ami(e) au café. Vous voulez payer, vous avez oublié votre portefeuille.
**e)** Vous recevez un faire-part de mariage.

*Exemple :* **a)** Je dois les remercier et leur faire un cadeau. → « Je vous remercie beaucoup pour ... »

■ **Déplacements avec personnes ou objets**
- **Personnes**
  - amener - accompagner - conduire - emmener ─────→
  - ramener - raccompagner - reconduire - remmener ←───
- **Objets**
  - apporter - emporter (idée de « prendre avec soi ») ──→
  - rapporter - remporter ←───

**3** Complétez avec les verbes du tableau.

**Une jeune femme téléphone à sa mère.**

« Dis, maman. Philippe et moi, nous voudrions aller faire de la marche le week-end prochain. Nous ne pourrons pas ... les enfants. Je peux les ... chez toi ?
– Bien sûr, ma fille. Mais ici, je n'ai rien pour les amuser. Ils doivent ... leurs jouets. Et samedi, je vais les ... à la piscine. ...- moi leurs maillots de bain !
– D'accord, maman. À vendredi soir !
– Ah, j'oubliais. Est-ce que tu peux me ... mon livre de cuisine ? Tu l'as depuis deux mois. »

## ■ La supposition

> Si je gagne 50 000 F, j'achète une nouvelle voiture. Si je gagne 200 000 F...

**4** Imaginez la suite.

**a) Ils font des suppositions.**

• **un groupe de jeunes :** « S'il fait beau le week-end prochain, ... »

• **un ouvrier :** « Si j'ai une augmentation de salaire, ... »

• **l'amoureux :** « Si Sylvie est libre samedi soir, ... »

**b) Ils posent leurs conditions.**

• **les enfants (aux parents) :** « Est-ce que nous partons en vacances cet été ? – Les parents : Oui, si ... »

• **les employés (à M. Blanc) :** « Est-ce que nous allons avoir une augmentation ? – M. Blanc : Oui, si ... »

## AUTOROUTES DE L'INFORMATION ET TÉLÉORDINATEURS :

**Ce qu'on va pouvoir faire...**

### FAIRE SON MARCHÉ
### GÉRER SON BUDGET

Je consulte le catalogue des hypermarchés. Je fais mes commandes.
• Je fais mes réservations.
• Je fais toutes les opérations bancaires.

### DIALOGUER

Je vois mon correspondant au téléphone. Il peut me montrer des images.
• Je peux participer à une réunion « virtuelle » avec mes partenaires.
• J'échange des informations (textes, images, sons).

### JOUER

Je peux jouer à de nombreux jeux individuels.
• Je peux jouer avec d'autres personnes, à distance.

### REGARDER

J'organise un programme à l'aide d'une banque d'images.
• Je peux programmer les films et les émissions du monde entier.

### ÉTUDIER

Je peux suivre les cours proposés par toutes les grandes universités du monde.
• Je consulte la TGBM (Très Grande Bibliothèque mondiale).

### SE SOIGNER

Je consulte un médecin du service télémédecine.
• Je contrôle mon traitement.

D'après *l'Express*, 23/03/1995.

**5** Lisez le document ci-dessus. Présentez oralement chaque rubrique et donnez des exemples pratiques. Montrez les avantages de ces nouvelles technologies (travail de groupe). Discutez des inconvénients possibles de ces nouvelles manières de communiquer.

## Prononciation

### Le son [j]

**Pour chaque cas :**
• Écoutez et répétez l'exemple et les trois autres mots.
• Écrivez les trois mots.

**1** [ja] → un voyage, ...

**2** [jɛ] → une pièce, ...

**3** [aj] ou [ɛj] → la taille, ...

**4** [ɛj] ou [ij] → la fille, ...

**5** voyelle + [j] + voyelle → s'habiller, ...

# EURÊKA : RENDEZ-VOUS TECHNOLOGIQUE

**E**urêka est un grand programme de coopération technologique entre les pays d'Europe. Environ mille projets sont à l'étude dans les secteurs de la haute technologie comme l'informatique, la robotique, la biotechnologie, l'énergie, etc. Eurêka cherche à produire des réalisations utiles et commercialisables. Voici quelques exemples.

## • Automobile

La voiture d'aujourd'hui est polluante et chère. Elle cause beaucoup d'accidents. Il faut inventer des voitures propres, économiques, sûres et « intelligentes ».

• Le **projet Élégie** imagine une voiture de ville très légère avec moteur électrique. La voiture du **projet E. Auto** consomme 1,4 litre d'essence aux 100 kilomètres.

• Le **projet Prométhéus** crée des équipements informatiques pour les automobiles et les routes. Ils informent les conducteurs des dangers. Ils les renseignent sur les embouteillages.

## • Information et communication

• Le **projet Acropol** fabrique des bornes interactives pour améliorer la communication entre les gens et les administrations.

• Le **projet TFTS** réalise un téléphone pour avions.

• Le **projet Graal** crée un logiciel pour la traduction des textes.

**Projet Synthetic TV :** création de machines avec des images de synthèse.

• Le **projet Photronic** permet la production de l'électricité à partir de l'énergie solaire.

• Le **projet Info-intégration** construit des téléviseurs et des ordinateurs commandés par la voix.

**Projet Prométhéus :** équipement informatique des voitures, des rues et des routes pour une circulation sûre et sans embouteillages.

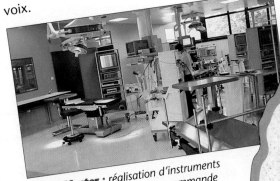

**Projet Master :** réalisation d'instruments de téléchirurgie. Le chirurgien commande un robot à l'aide d'un ordinateur.

# DE L'EUROPE

## • Agro-alimentaire

Les produits alimentaires doivent être bons pour la santé et excellents pour le goût. Ils doivent aussi se conserver longtemps.

• Le **projet Café** essaie d'améliorer le goût du café décaféiné.

• Le **projet PAP** essaie d'améliorer les qualités de la viande et des produits laitiers.

Mais l'agriculture se transforme. Elle ne produit pas seulement des aliments. De nombreux projets recherchent les applications industrielles des végétaux. La betterave par exemple peut produire du sucre mais aussi du carburant pour les voitures.

## • Travail

Les nouveaux robots « intelligents » vont changer notre manière de travailler. Les chaînes de fabrication du **projet Famos Aria** produisent très rapidement 2 000 types différents du même objet.

**Projet Eurocare :** augmentation de la durée de vie des monuments historiques.

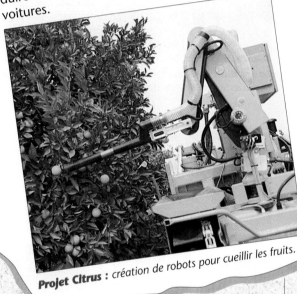

**Projet Citrus :** création de robots pour cueillir les fruits.

**1** Lisez les textes et observez les photos. Présentez et commentez chaque groupe de projets.

« Aujourd'hui, les voitures sont ...
Les projets Eurêka essaient de ... On recherche ...
On crée ... »

**2** Relevez les adjectifs des textes. Cherchez leur contraire dans le contexte et dans d'autres contextes.

*Exemple :* une voiture propre / polluante
un vêtement propre / sale.

**3** Cherchez les verbes synonymes de *faire*. Cherchez les noms correspondants.

| L'action | L'activité | L'acteur |
|---|---|---|
| créer | une création | un créateur |

Faites le même travail pour les synonymes de *changer.*

**4** Proposez cinq projets pour le programme Eurêka.

*Exemple :* Aujourd'hui, on ne trouve pas de bonne colle à papier. Une bonne colle doit :
• coller le papier sans coller les doigts,
• ne pas couler,
• ne pas être dangereuse pour la santé,
• etc.

# LE FUTUROSCOPE DE POITIERS

Le Futuroscope est un grand parc de loisirs et d'activités situé à quelques kilomètres de Poitiers. Il présente de nombreuses attractions spectaculaires.

## • Le nouveau cinéma

Avec un écran hémisphérique de 360°, le spectateur est au centre de l'image comme dans la réalité.
Les sièges des spectateurs bougent avec les images.
On sent le souffle du vent.
Avec le tapis magique, le spectateur est au-dessus de l'écran. Il a l'impression de voler.

## • La promenade dans les jardins d'Europe

Le temps d'une promenade en barque, on fait le tour de l'Europe, de la Scandinavie à la Grèce.

*Vue extérieure du **Kinemax**, une salle de cinéma avec un écran grand comme un immeuble de sept étages.*

## • Le monde des enfants

Le Futuroscope présente de nombreux jeux pour les enfants : vélos d'eau, voitures télécommandées, maison musicale, etc.

*Le **Pavillon du Futuroscope**. On y raconte l'histoire des découvertes depuis Christophe Colomb jusqu'à nos jours.*

*Le **Pavillon de la communication**.*

---

**1** Lisez le texte et observez les images. Faites la liste de tout ce qui vous paraît original.

**2** Connaissez-vous un parc de loisirs intéressant ? Présentez-le.

**3** Pour inventer des activités nouvelles, il faut de l'imagination. Apprenez à créer de nouvelles activités ou de nouveaux objets.

*Exemples :* **avec des skis.**
• **supprimer quelque chose** → si vous supprimez un ski, vous inventez le monoski.
• **ajouter quelque chose** → si vous ajoutez des roues, vous inventez le ski sur herbe.
• **déplacer l'objet** → vous inventez le ski sur l'eau (ski nautique) ou le ski dans l'air.

**Entraînez-vous sur une activité ou un objet de votre choix.**

## 1 Présent progressif – Passé récent – Futur proche

**Racontez ces cinq suites de trois séquences.**

**a)** *(Maintenant, 14 h)* Marie se prépare – *(13 h 30)* Elle reçoit un coup de téléphone – *(14 h 30)* Elle sort.

**b)** *(17 h)* Je prépare ma valise – *(Maintenant, 18 h)* J'appelle un taxi – *(19 h)* Je prends l'avion.

**c)** *(Maintenant, 8 h)* Nous montons en voiture – *(7 h 30)* Nous mettons les affaires dans la voiture – *(8 h 30)* Nous quittons Paris.

**d)** *(17 h)* Les enfants sortent du collège – *(Maintenant, 17 h 30)* Ils rentrent chez eux – *(18 h)* Ils font leurs devoirs.

**e)** *(Janvier)* L'entreprise fait une opération publicitaire – *(Maintenant, février)* Elle présente ses produits dans les salons et les expositions – *(Mars)* Elle vend beaucoup de produits.

## 2 La fréquence et la continuité

**Imaginez une conséquence en utilisant les mots de la liste comme dans l'exemple.**

*toujours • souvent • quelquefois • ne … jamais • ne … plus*

• Pierre est à la retraite. → Il **ne** travaille **plus**.
• Marie est une passionnée de cinéma.
• Jacques déteste l'opéra.
• Sylvie habite à Paris depuis dix ans. Mais elle regrette un peu la Provence, le pays de son enfance.
• Frédéric et Julie ont divorcé.
• Comme beaucoup de Français, Gérard adore le fromage.

## 3 Les pronoms objets directs et indirects

**a) Répondez.**

• Est-ce qu'Éric Blanc dirige l'entreprise Performance 2000 ?
• Est-ce qu'Éric Blanc tutoie ses employés ?
• Est-ce qu'Éric Blanc apprécie Pierre Gerbault ?
• Est-ce qu'Éric Blanc permet à Mme Raymond de prendre un congé ?
• Est-ce qu'Éric Blanc demande à M. Leprêtre de rester dans l'entreprise ?

**b) Remplacez les mots soulignés par un pronom.**

• J'ai téléphoné à M. Blanc. J'ai parlé de notre projet à M. Blanc.
• Elle a cherché partout le dossier bleu. Elle n'a pas trouvé le dossier bleu.
• Françoise et Rémi m'ont appris leur prochain mariage. J'ai envoyé une lettre de félicitations à Françoise et Rémi.
• Nous ne savons pas où sont Patrick et Vincent. Nous n'avons pas vu ces garçons depuis dix jours.
• Corrigez cette lettre ! Envoyez cette lettre tout de suite !

**c) Complétez ce dialogue avec des pronoms.**

**Éric Blanc :** Quelqu'un m'a appelé pendant mon absence ?

**Myriam :** Oui, le directeur de la SPEN … a appelé.

**Éric Blanc :** Qu'est-ce qu'il … veut ?

**Myriam :** Il … demande de … envoyer son logiciel.

**Éric Blanc :** Est-ce que Gerbault est arrivé ?

**Myriam :** Oui, je … ai vu arriver.

**Éric Blanc :** Appelez-… ! Dites-… de venir dans mon bureau ! Ah, au fait, est-ce qu'Intermédia a répondu à notre lettre ?

**Myriam :** Oui, ils … ont répondu. J'ai ouvert la lettre. Vous … trouverez sur votre bureau.

**Éric Blanc :** Très bien, Myriam. Bon, je vais travailler avec Gerbault. Qu'on ne … dérange pas !

## 4 L'entreprise

**Remettez dans l'ordre les étapes de la fabrication et de la commercialisation d'une nouvelle voiture.**

**a)** On fabrique la voiture sur les chaînes de montage.

**b)** On étudie le marché et la concurrence.

**c)** On fait une opération publicitaire.

**d)** On définit les besoins des futurs clients.

**e)** Les ingénieurs font un projet original.

**f)** On commercialise la voiture.

**g)** On crée un prototype. On fait des essais.

## 5 Interdiction et demande d'autorisation

Il veut passer. C'est interdit. Il insiste. Imaginez et rédigez le dialogue.

## 6 La communication quotidienne

Que dites-vous dans les situations suivantes ? Imaginez de brefs dialogues de deux ou trois courtes phrases.

1. Votre collègue de travail vient d'avoir une promotion. Il (ou elle) est maintenant chef d'un service.

2. Des amis vous ont invité(e) à dîner. Vous avez oublié d'aller à cette invitation.

3. Le directeur de votre mari ou de votre femme téléphone chez vous. Il (ou elle) vient de sortir.

4. Vous faites la queue devant l'entrée d'un cinéma. Quelqu'un arrive et se met devant vous.

5. Vous faites du ski avec un(e) ami(e). Il (ou elle) a peur de descendre une piste de difficulté moyenne.

## 7 Les situations d'urgence

Vous êtes en France. Que faites-vous dans les situations suivantes ?

1. Sous vos fenêtres, dans la rue, une voiture brûle.

2. Votre collègue de travail a eu un malaise. Il s'est évanoui.

3. Vous êtes en voiture sur une petite route de campagne. Vous voyez une voiture dans le fossé. Le moteur n'est pas arrêté.

4. Vous avez très mal aux dents.

5. Dans votre jardin, vous voyez un énorme serpent de 4 mètres de long.

## 8 TEST CULTUREL

Lisez ces affirmations. Sont-elles vraies (V) ou fausses (F) ?

1. Les Français achètent beaucoup de médicaments tranquillisants.

2. Sur les écrans des Minitel on peut voir des films.

3. Tous les téléphones français fonctionnent avec des jetons spéciaux.

4. Les programmes Eurêka peuvent s'occuper de notre alimentation.

5. Le Futuroscope de Poitiers présente les nouvelles technologies de l'image.

6. Quand, de France, on veut téléphoner à l'étranger, on doit composer d'abord le 16.

7. Le numéro de téléphone 66 21 00 79 se lit « soixante-six, vingt et un, zéro, zéro, soixante-dix-neuf ».

8. Beaucoup de Français pensent qu'être treize personnes à table porte malheur.

9. En France, on invite à dîner à 19 heures.

10. Quand un Français dit : « Je suis en pleine forme », c'est qu'il trouve qu'il est un peu gros.

## COMPRENDRE ET S'EXPRIMER

• Parler du futur – Faire des projets.
• Rédiger une lettre administrative.
• Demander une autorisation – Permettre – Interdire.
• Décrire, acheter un vêtement.
• Décrire, acheter ou louer un logement.
• Utiliser les pronoms de quantité.
• Rapporter des paroles.

## DÉCOUVRIR

• Le système éducatif français.
• L'administration et la politique.
• La mode.
• Le logement.
• Personnages de l'Histoire et mentalités.
• Paris.

# Aux armes citoyens !

**A**

*À l'entrée d'un restaurant universitaire de Lyon.*

**Romain :** Tu peux me prêter un ticket ?

**Sylviane :** Encore ! Ça fait le troisième de la semaine. Fais attention ! Je sais compter.

**Romain :** Promis, juré ! Je te les rendrai demain.

*Une heure après, dans la cafétéria du restaurant universitaire.*

**Romain :** Salut, tout le monde ! Vous connaissez tous Sylviane, je suppose ?

**Cédric :** Moi, non.

**Romain :** Eh bien voilà, c'est fait : Sylviane, étudiante en lettres. Cédric, futur styliste, étudiant avec nous à Crémode... Vous parliez de quoi ?

**Florence :** Comme d'habitude. On parlait politique. On ne parle que de ça.

**Cédric :** Je disais que dans cinq ans, il y aura peut-être 50 % de jeunes au chômage. Ils se révolteront et ils auront raison. Et les autres devront partager.

**Romain :** Tu as raison. Mais suppose une chose : l'an prochain, tu trouveras peut-être un super boulot à 15 000 francs par mois chez Cabanel. Tu partageras ton fric avec les copains ?...

**Cédric :** Je te jure que oui.

*Quelques jours après.*

**Romain :** Tu viens ce soir à la soirée de Sylviane ?

**Cédric :** Pas question. Je n'aime pas beaucoup cette fille. Je te parie que ses parents sont pleins de fric et qu'elle fait du golf. C'est une petite bourgeoise BCBG.

**Romain :** Tu as tort. Elle est plutôt mignonne. Et puis, il n'y aura pas qu'elle...

Cédric GIRARD
25, boulevard Victor Hugo
69000 LYON

Société CABANEL
1, avenue de la Liberté
34000 MONTPELLIER

Lyon, le 10 juin 1996

Monsieur le Directeur,

Je termine bientôt ma deuxième année à l'école de stylisme CRÉMODE de Lyon. L'année prochaine, je continuerai les mêmes études à Paris.
Je souhaiterais vivement travailler dans votre entreprise pendant l'été. Je suis libre du 1er juillet au 31 août.

En vous remerciant par avance de l'attention que vous voudrez bien porter à ma demande, je vous prie d'agréer, Monsieur le Directeur, l'expression de mes sentiments respectueux.

Pièce jointe : CV

C. Girard

## Les étudiants de CRÉMODE en grève

**Pour une meilleure formation des stylistes.
Contre le plan de restructuration.**

Nous nous opposons :
→ à la diminution des bourses d'études
→ à la modification des programmes
→ à la suppression du stage en entreprise de 3e année

Nous réclamons :
→ le droit d'accès aux restaurants universitaires

# L'expression du futur - La restriction

## ▪ L'expression du futur

|  | partir | |
|---|---|---|
| le 8 avril | je | partir**ai** |
| l'année prochaine | tu | partir**as** |
| demain | il/elle/on | partir**a** |
| dans 8 jours | nous | partir**ons** |
| | vous | partir**ez** |
| | ils/elles | partir**ont** |

### 1. Construction des temps futur

• **Cas général**
infinitif + *ai - as - a - ons - ez - ont*

• **Quelques verbes se construisent avec une forme modifiée de l'infinitif :**

être → **je serai, tu seras, il/elle/on sera**, etc.
avoir → **j'aurai**          aller → **j'irai**
venir → **je viendrai**      pouvoir → **je pourrai**
faire → **je ferai**         savoir → **je saurai**

> Dans quinze jours je serai en vacances, je partirai en voyage, je rencontrerai...

### 2. Les différentes manières d'exprimer le futur

• **le présent** : L'année prochaine, je pars en vacances. *(volonté et certitude)*

• **le futur proche** : L'année prochaine, je vais partir en vacances. *(décision et perspective proche)*

• **le futur** : L'année prochaine, je partirai en vacances. *(perspective lointaine)*

### 3. Interrogation et négation

• Est-ce que tu viendras à notre soirée ?
Viendras-tu à notre soirée ?
– Non, je ne pourrai pas venir.

### 4. La durée future

• Je pars **pour** 8 jours.
• **Dans combien de temps** reviendras-tu ?
– **Dans** 8 jours.
• **Jusqu'à quand (quel jour)** resteras-tu là-bas ?
– **Jusqu'au** 28.

**1** Mettez les verbes entre parenthèses au temps futur.

**Une amie de Florence vient faire ses études à Lyon. Elle demande à Florence si elle peut habiter chez elle. Florence lui répond.**

« Pas de problèmes. Tu *(pouvoir)* habiter chez moi. Je te *(donner)* la petite chambre sur le jardin. Tu *(être)* très bien. À midi, tu *(manger)* au restaurant universitaire. Mais le soir, nous *(faire)* des petits repas ensemble, ici, à la maison. Je te *(présenter)* mes amis. Tu *(rencontrer)* Romain. Tu *(voir)*. C'est un garçon sympathique. Je suis sûre qu'il te *(plaire)*... »

**2**     Ils font des projets. Faites-les parler.

• **Un élève de 11 ans**

> L'année prochaine...
> ... entrer au collège
> ... avoir de nouveaux copains
> ... apprendre une langue étrangère
> ... étudier l'histoire de l'Antiquité

• **Les étudiants fiancés**

> L'année prochaine...
> ... se marier
> ... ne pas avoir d'enfants
> tout de suite
> ... attendre d'avoir
> un emploi pour cela
> ... continuer les études
> ... voyager

---

### ■ Restriction et exception

• **ne ... que**
**seulement**

• **sauf - excepté**
**en dehors de...**

> Il **ne** fait **que** du violon !
> Rien ne l'intéresse en dehors de ça !
> Toute la journée, je n'entends que son
> violon sauf les jours de concert bien sûr.

---

**3**     Imaginez la suite des phrases comme dans l'exemple. Utilisez le verbe entre parenthèses et la forme *ne ... que*.

**Une fille difficile.**

• Comme apéritif, elle **ne** boit **que** du champagne.

• Comme plat ... *(aimer)*
• Comme film ... *(aller voir)*
• Comme musique ... *(écouter)*
• Comme amis ... *(avoir)*

**4**     Groupes de réflexion sur l'avenir des jeunes.

Voici le début des conclusions d'un débat organisé en France sur l'avenir des jeunes. Organisez ce débat dans votre classe pour votre pays. Faites cinq groupes de travail. Dans chacun des cinq domaines ci-dessous, recherchez :

**a)** les tendances - l'évolution de la situation,

**b)** ce que les gouvernements (ou les autres décideurs) devront faire.

• **Les études**
Il y aura beaucoup d'étudiants dans les universités. ...
Les professions ...
Les examens ...

• **L'emploi**
Le chômage augmentera. ...
Le travail sera différent. ...
Il faudra ...

• **La famille**
Le nombre des mariages diminuera ...
Le nombre d'enfants ...

• **La ville**
Les banlieues se développeront. ...
Le centre des villes deviendra ...
La circulation sera ...

• **Les loisirs**
On aura beaucoup de loisirs. ...
On ne travaillera que ...
On fera ...

---

## Entraînez-vous

**1. On pose des questions à Florence.**
**Répondez comme dans l'exemple.**

• Aujourd'hui, tu as déjeuné au restaurant universitaire. Et demain ?
– Demain aussi, je déjeunerai au restaurant universitaire.

**2. On pose des questions à un garçon difficile.**
**Répondez comme dans l'exemple.**

• Tu bois autre chose que de l'eau ?
– Non, je ne bois que de l'eau.
• Tu manges autre chose que des pizzas ?
– Non, ...

# L'éducation

## ◼ Le système éducatif

Enseignement public, gratuit, laïque, obligatoire jusqu'à 16 ans
(écoles privées : 13 % des élèves).

### L'école maternelle
de 2 à 6 ans

### Le lycée
de 15 à 18 ans

Enseignement théorique.

Début de spécialisation
(mathématiques,
sciences, *etc.*). 3 ans.
*Diplôme :* baccalauréat.

### L'enseignement professionnel

Lycées professionnels,
lycées agricoles, écoles
hôtelières, *etc.*, 3 ans.
*Diplôme :* baccalauréat
professionnel.

*Les résultats du bac.*

### L'école primaire
de 6 à 11 ans

### L'université

*Spécialisation :* lettres et sciences humaines, sciences,
droit, sciences économiques, médecine, pharmacie, *etc.*
*Études et diplômes :*
DEUG (diplôme d'études universitaires générales) :
2 ans ; licence : 1 an ; maîtrise : 1 an ;
DEA (diplôme d'études approfondies) : 1 an ;
doctorat : 2 ou 3 ans ;
DESS (diplôme d'études supérieures spécialisées) : 1 an.

### Le collège
de 11 à 15 ans
Enseignement général
commun.
*Diplôme :* brevet
des collèges.

**Les IUT** (instituts universitaires de technologie) : 2 ans.
**Les IUP** (instituts universitaires professionnels) : 3 ans
d'études - enseignement théorique et formation
professionnelle.

### Les écoles supérieures et les grandes écoles
Pour entrer dans une
de ces écoles, il faut réussir
un concours difficile.
Elles forment les ingénieurs,
les cadres des entreprises
et les hauts fonctionnaires.
**HEC** (Hautes études commerciales)
**ENA** (École nationale
d'administration)

*Polytechniciens
en uniforme.*

Il existe encore beaucoup d'autres écoles publiques ou privées pour la formation professionnelle. Par exemple : les
IUFM (instituts universitaires de formation des maîtres).

**1** Lisez la présentation du système éducatif français.

• Quels sont les différents types d'écoles ? les différents types d'examens ?

• Trouvez des exemples d'emploi et les contraires des adjectifs suivants :

public - gratuit - laïque - obligatoire - général

*Exemple :* l'enseignement public/privé.

• Comparez le système français avec le système de votre pays.

**2** Dans quelle école fait-on les choses suivantes ?

• On apprend à lire.
• On étudie les lois sur le divorce.
• On fait des jeux éducatifs.
• On apprend à préparer un plat.
• On fait un exposé sur l'œuvre de Voltaire.
• On apprend à diriger une entreprise.

**3** Vous êtes conseiller d'orientation. Quels conseils donnez-vous à ces jeunes ?

• Arthur (13 ans) : « J'aimerais être avocat. »
• Anaïs (16 ans) : « Je voudrais être professeur d'université. »
• Charles (15 ans) : « Je voudrais devenir informaticien. »
• Céline (18 ans) : « Mon rêve, c'est d'avoir un poste important dans un ministère. »
• Damien (15 ans) : « Je veux être maçon. »

**4** Étudiez les expressions du tableau ci-dessous. Écoutez. Martine (haut fonctionnaire) et Philippe (professeur d'université) racontent leurs études.

Notez : **a)** les écoles et les lieux - **b)** la durée des différentes études - **c)** les réussites et les échecs.

---

• Entrer à l'école de... / sortir de...
• Suivre des cours de..., une formation de...
• Faire des études de lettres, de droit, ...
• Passer un examen, un concours
• Réussir à un examen / échouer à...

---

**5** Lisez la lettre de Cédric *(partie B, p. 119)*.

• À qui est-elle adressée ?
• Que demande Cédric ?
• Comment essaie-t-il de convaincre le directeur de l'entreprise ?
• Dans cette lettre, que peut-on remplacer par les expressions ci-dessous ?

---

• Je sollicite un emploi...
• Dans l'attente de votre réponse...
• Je vous remercie par avance de votre réponse.
• Veuillez trouver ci-joint...
• ... mes sentiments les meilleurs
• ... mes salutations distinguées

---

## Prononciation

### Les sons [s] - [z]

**1** Répondez négativement à ces questions comme dans l'exemple. Écoutez la prononciation correcte. Corrigez-vous.

**a)** Il y en a assez ? → Non, il n'y en a pas assez.
**b)** Il est assis ?
**c)** Elle est assise ?
**d)** Tu habites ici ?
**e)** Elle habite en Suisse ?

### Terminaisons du futur

**2** Répétez les phrases de ce texte.

Tu m'appelleras
Je décrocherai
Tu parleras
Je t'écouterai
Tu m'inviteras
Je me rappellerai
Tu arriveras
Nous nous regarderons
Nous nous reconnaîtrons

# UN PEU DE POLITIQUE

### Le président de la République
Il est élu par le peuple pour 7 ans.
Il nomme...

### Le Premier ministre
Le Premier ministre nomme les ministres.
Il dirige...

### Le gouvernement
Le gouvernement dirige l'administration
et prépare les lois.

• Contrôlent l'action du gouvernement.
• Votent les lois.
• Proposent des lois.

### L'Assemblée nationale
ou **Chambre des députés**
577 députés élus pour 5 ans par le peuple.

## Les présidents de la Vᵉ République

***Charles de Gaulle** (1958-1969)
Fondation de la Vᵉ République – Fin
de la guerre d'Algérie – Développement de l'arme atomique.*

***Georges Pompidou** (1969-1974)
Développement industriel
des régions.*

***Valéry Giscard d'Estaing** (1974-
1981)
Droit de vote à 18 ans – Aide aux
chômeurs.*

***François Mitterrand** (1981-1995)
Suppression de la peine de mort
– Retraite à 60 ans – Pouvoirs
et liberté de gestion donnés
aux régions.*

***Jacques Chirac**
Président élu en 1995.*

### Le Sénat
321 sénateurs élus pour 9 ans par les responsables
élus des communes et des départements.

**Les pouvoirs locaux**

• **Le préfet** et les fonctionnaires de la préfecture représentent le gouvernement.

• **Le maire** et **le conseil municipal** élus par le peuple pour 6 ans dirigent la commune.

• **Le conseil général** élu par le peuple pour 6 ans dirige le département.

• **Le conseil régional** élu par le peuple pour 6 ans dirige la région.

## • <u>La France administrative</u>

**1** Observez la carte de la *page 172*. Remarquez les divisions administratives de la France :
• **les régions** (la Bretagne, etc.) ;
• **les départements** (le Finistère, etc.) et leur préfecture (ville principale) ;
• **les communes** : il y a 36 500 communes en France.

Chaque département a un numéro. On retrouve ce numéro dans les codes postaux, les plaques des voitures et les numéros de Sécurité sociale.

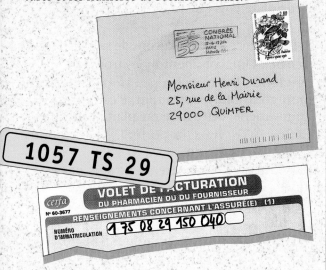

## • <u>Les pouvoirs</u>

**2** Lisez le document de la *page 124* et celui du haut de la *page 125*.

**a)** Faites la liste des différentes élections en France.

| Qui élit-on ? | Tous les combien ? |
|---|---|
| Le président | Tous les 7 ans |

**b)** Faites des comparaisons avec votre pays et avec d'autres pays.

« En Angleterre, en Espagne, il n'y a pas de président. Le roi ou la reine ne sont pas élus ... »

**c)** Dites ce qu'ont fait les présidents de la V^e République.

« De Gaulle a fondé ... , il a mis fin à ... »

**d)** Continuez la liste suivante avec des verbes ou des noms nouveaux.

élire → une élection
nommer → une nomination

## • <u>Les événements</u>

**3** Lisez les titres de presse ci-dessous. De quels événements parle-t-on ?

**Manifestation**
LE FRONT ANTI C.I.P. EST DANS LA RUE
Étudiants et syndicats défilent aujourd'hui à Paris et en province contre le Contrat d'insertion professionnelle (SMIC jeunes)

**La retraite du C.I.P.**
BALLADUR RENONCE AU CONTRAT D'INSERTION PROFESSIONNELLE
35 jours de colère étudiante ont eu raison du C.I.P.

Rédigez des titres et des sous-titres pour des événements récents.

# Qui ne risque rien n'a rien !

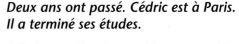

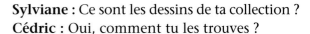

**A**

*Deux ans ont passé. Cédric est à Paris.*
*Il a terminé ses études.*

**Sylviane :** Bonjour... Tu te rappelles de moi, j'espère ?

**Cédric :** Bien évidemment. Entre ! Je me faisais du thé. Tu en veux ?

**Sylviane :** Oui, je veux bien.

**Cédric :** Un sucre ?

**Sylviane :** Merci. Je n'en prends jamais... Flo m'a donné ton adresse et elle m'a tout dit. Tu es sans travail et tu as décidé de préparer une collection tout seul, comme un grand.

**Cédric :** Je vois que tu es bien informée.

**Sylviane :** Ce sont les dessins de ta collection ?

**Cédric :** Oui, comment tu les trouves ?

**Sylviane :** Pas mal. Un peu trop originaux à mon goût. Mais, après tout, c'est ton style... En revanche, cette robe me plaît beaucoup.

**Cédric :** Tu veux la porter ? Je te prends comme mannequin.

**Sylviane :** Tu veux rire. Je ne suis pas assez jolie !

**Cédric :** Ne sois pas modeste, Sylviane. C'est pas ton genre.

**Sylviane :** Après tout, pourquoi pas ? Je vais y réfléchir ... À propos, tu as trouvé un endroit sympa pour présenter ta collection ?

**Cédric :** Pas encore. Tu sais, moi, je ne peux pas faire ça dans un grand hôtel ou dans un château de la Loire.

**Sylviane :** Peut-être bien que j'en connais un. C'est un vieux garage, immense, dans le 14$^e$. Il est à mon père. Si tu veux, je m'en occupe. J'en parle à papa.

*Dans un magasin de vêtements.*

**La vendeuse :** Je peux vous aider ?
**Cédric :** Merci, on regarde.
…

**Cédric :** Qu'est-ce que tu penses de cette veste ?
**Sylviane :** Trop large. Prends la taille en dessous !
**Cédric :** J'aime bien me sentir à l'aise, moi.
**Sylviane :** Fais ce que tu veux. C'est toi le styliste après tout.
**Cédric :** J'hésite… Avec ce pantalon peut-être ?
**Sylviane :** Tu plaisantes. Du rouge avec du vert. Ça ne va pas du tout. Tu vas avoir l'air d'un clown.
…

**La vendeuse :** Alors, vous avez choisi ?
**Cédric :** J'hésite… J'hésite… Non, finalement, je vais réfléchir.

# LA COLLECTION D'HIVER D'UN JEUNE CRÉATEUR ENTHOUSIASME LE TOUT PARIS DE LA MODE

**P**renez un jeune homme plein d'idées. Mettez-le dans un vieux garage du 14ᵉ arrondissement. Versez là-dedans une bande de copains et quelques personnalités de la mode et du show-business. Ajoutez pour l'ambiance une musique de la cour de Louis XIV. Complétez avec une dizaine de jeunes mannequins belles comme des stars. Et vous aurez l'événement de la semaine.

Le styliste Cédric Girard trouve son inspiration dans l'Histoire. Il mélange les styles et les couleurs et sa collection est un voyage dans le temps : longues robes décolletées des portraits de Fragonard, pantalons de l'époque révolutionnaire …

# Les pronoms « en » et « y »

## ■ « En », pronom de quantité

**1. Le complément du verbe est pré-cédé de :** *du - de la - de l' - des.* **Il indique une quantité.**

- Tu veux **du café** ? – Oui j'**en** veux.

         – Non, je n'**en** veux pas.

**2. Le complément du verbe est pré-cédé de :** *un, une, deux, trois,* etc., *un peu de, beaucoup de, quelques, plu-sieurs,* etc.

- Tu as **un roman policier** ? – J'**en** ai un.

         – J'**en** ai **deux, trois.**
         – J'**en** ai **beaucoup.**
         – Je n'**en** ai pas.

### ● Au passé composé

- J'ai cherché des romans policiers de Simenon. J'**en** ai trouvé. J'**en** ai acheté un.
- J'ai cherché un dictionnaire de chinois. Je n'**en** ai pas trouvé.

### ● À l'impératif

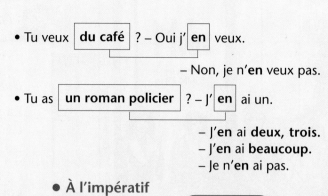

N'en prenez pas. Ça fait grossir.

Prenez-en !

---

**1** **a)** Sondage sur la lecture. Répondez. Puis posez les questions à votre voisin(e).

- Est-ce qu'il y a une bibliothèque dans votre ville ?
- Est-ce que vous empruntez des livres ? Vous en empruntez beaucoup ? Combien en empruntez-vous par mois ?
- Vous lisez des romans ? Combien en lisez-vous par mois ?
- Et des essais ? Et des bandes dessinées ?
- Vous achetez des livres ? Combien en achetez-vous par mois ?

**b)** Imaginez les questions d'un autre sondage. Posez-les à votre voisin(e).

- **Sur un produit alimentaire.**

« Vous buvez de l'eau minérale ? Combien de litres ? … »

- **Sur les conditions de vie.**

« Vous avez des enfants ? Combien ? Vous avez des animaux ? … »

---

## ■ « En » et « y », compléments indirects de choses

**1.** « En » remplace une chose, une idée, un lieu introduits par la **préposition** *de* (ou les **articles contractés** *du, de la, de l', des*).

- Vous avez besoin de mon dictionnaire ?
  – Oui, j'**en** ai besoin.
- Elle revient de la piscine ? – Elle **en** revient.

**2.** « Y » remplace une chose, une idée, un lieu introduits par la **préposition** *à* (ou les **articles contractés** *au, à la, à l', aux*).

- Vous pensez à votre pays ?
  – Oui, j'**y** pense souvent.

- Elle habite à Paris ? – Oui, elle **y** habite.

**NB :** « Y » peut aussi remplacer un complément introduit par une préposition de lieu.
- Tu vas chez tes parents ? – J'**y** vais.

**3. À l'impératif**
- Est-ce que je dois parler de mon projet ?
  – Oui, parlez-**en** ! / Non, n'**en** parlez pas !

- Est-ce que je dois aller dans la salle de réunion ?
  – Oui, allez-**y** ! / Non, n'**y** allez pas !

---

**2** Complétez les réponses. Utilisez les pronoms : *le, la, les - en - y.*

**Une mère insupportable.**

– Caroline, d'où viens-tu ? De chez tes copains ?
– Oui, ...
– Tu as fait tes devoirs ?
– Non, ...
– Tu as besoin d'aide ?
– Non, ...
– Tu te sers de ta nouvelle encyclopédie ?
– Oui, ...
– Tu y trouves des choses intéressantes ?
– Oui, ...
– Tu t'occupes de ton inscription au stage de tennis ?
– Oui, ...
– Tu as rapporté le livre à la bibliothèque ?
– Oui, ...
– Tu vas au cinéma ce soir ?
– Non, ...

---

## ■ Assez (de) - trop (de) - pas assez (de)

Tu viens à l'invitation de Marie-Sophie ?

Non ! Je l'ai assez vue. Elle est trop snob. Son champagne n'est pas assez bon.

Il y a trop de monde et pas assez de gens intéressants.

On s'ennuie trop. On ne danse pas assez.

---

**3** Imaginez des causes, comme dans l'exemple.

**a)** Pierre et Marie viennent de divorcer.
**b)** Barbara est partie habiter à la campagne. Elle ne supporte plus la ville.
**c)** L'entreprise Performance 2000 n'est plus performante.
**d)** Sylviane a échoué à sa licence de lettres.

*Exemple :* a) Ils s'ennuyaient trop ensemble. Ils ne s'aimaient pas assez. Etc.

**4** Ils vous proposent quelque chose. Ils insistent. Apprenez à refuser, comme dans l'exemple.

**a)** Vous reprendrez bien un peu plus de bœuf bourguignon ?
**b)** Vous viendrez bien samedi à l'opéra avec nous ?
**c)** Chéri(e), on achète la nouvelle Alfa Romeo ?
**d)** Je vous propose un rôle dans mon prochain film.

*Exemple :* a) Non, merci. J'ai assez mangé. J'ai trop mangé de hors-d'œuvre. Etc.

---

### Entraînez-vous

**1. Répondez aux questions sur l'histoire de Cédric.**
• Est-ce que Cédric a des amis à Crémode ?
– Oui, il en a.

**2. Le père de Sylviane est riche. On l'interroge. Répondez pour lui.**
• Est-ce que vous avez un appartement à Paris ?
– Oui, j'en ai un.

**3. Pierre Gerbault n'est pas en forme. Répondez.**
• Est-ce qu'il travaille beaucoup ?
– Oui, il travaille trop.
• Est-ce qu'il fait assez de sport ?
– Non, il n'en fait pas assez.

## S'habiller

# Coup d'œil sur la mode

Thierry Mugler ▶
automne-hiver
1995-96

▼ Pierre Balmain
collection été 1994

▲ Jean-Paul Gaultier
collection hiver 1993

◀ Chanel
collection été 1992

**1** Observez ces mannequins. Dans le tableau ci-dessous, trouvez le nom des vêtements qu'ils portent.

|  | Tête et cou | Haut du corps | Bas du corps | Pieds |
|---|---|---|---|---|
| **Plutôt pour lui** | une cravate | une chemise<br>un blouson | un slip |  |
|  |  | un costume |  |  |
| **Pour les deux** | un chapeau<br>un foulard<br>une écharpe | un pull-over<br>une veste<br>une ceinture | un pantalon | des chaussettes (f)<br>des chaussures (f)<br>des bottes (f) |
|  |  | un manteau - une cape<br>un imperméable |  |  |
| **Pour elle** | une boucle d'oreille<br>un collier | un soutien-gorge<br>un chemisier | une culotte<br>une jupe<br>des bas<br>des collants |  |

**2** Caractérisez ces vêtements avec les mots du tableau.

• la forme • les couleurs • la matière (essayez de l'identifier)

« Pour les hommes, Pierre Balmain a créé un costume classique ... »

**3** Vous êtes habilleuse (ou habilleur) de cinéma. Imaginez les vêtements des personnages des films suivants.

**LA PIPE DE MAIGRET**
*(téléfilm)*
Le célèbre commissaire Maigret mène l'enquête.

**L'ENFER**
*(film de C. Chabrol, 1993)*
L'histoire dramatique d'une jeune femme séduisante et de son mari jaloux.

**SANS TOIT NI LOI**
*(film d'A. Varda, 1985)*
Une jeune fille décide de tout quitter et part sur les routes de France.

**JAMES BOND 007 CONTRE DOCTEUR NO**
*(film de T. Young, 1962)*
L'agent secret enquête sur les activités du mystérieux docteur No.

**4** Écoutez la scène et complétez le texte.

• M. et Mme Blanc entrent dans un magasin de ...
• Mme Blanc cherche ... de couleur ... pour aller avec ...
• La vendeuse propose ... . Mme Blanc trouve que ...
• La vendeuse propose ... . M. Blanc trouve que ...
• Mme Blanc essaie ... . M. Blanc dit que ...
• Mme Blanc pense que ...
• Finalement, ...

### Les vêtements

• **un vêtement, une robe,** *etc.*
classique / original(e) - osé(e)
court(e) / long (longue) - étroit(e) / large
léger (légère) / lourd(e)

• **mettre, porter un vêtement**

• **la matière**
un tissu - la soie - le coton - la laine - le velours - le cuir - le métal - l'or - l'argent
une robe en soie - un bracelet en or

• **être habillé / être nu** - avoir les bras nus - être à la mode

**5** Imaginez et jouez une scène d'achat de vêtement à trois personnages : elle, lui, la vendeuse (ou le vendeur).

**NB :** Si vous achetez un vêtement, donnez la taille. Pour des chaussures, donnez la pointure.

## Prononciation

### Les voyelles nasales

Distinguez les voyelles et les voyelles nasales. Écoutez et répétez.

**1** a + n/ɑ̃
une année / un an
en panne / Pan
une canne / quand
la grammaire / grand
Jeanne / les gens

**2** ɛ + n/ɛ̃
la laine / le lin
une scène / un saint
il amène / la main
la reine / le Rhin
la peine / le pain

**3** ɔ + n/ɔ̃
Simone / Simon
il donne / un don
ça sonne / un son
elle téléphone / elles font
la bonne vie / le bon vin

# FIGURES ÉTERNELLES DE L'HISTOIRE

*De l'Histoire à la légende, de la légende à la réalité d'aujourd'hui*

## • Le Gaulois

**A**vant la conquête romaine (IIe siècle avant J.-C.), la France n'existe pas. C'est un ensemble de peuples celtes installés depuis le IIe millénaire avant J.-C. Les Romains l'appellent la Gaule.

Au milieu du Ier siècle avant J.-C., les Romains occupent toute la Gaule mais un jeune et courageux chef gaulois, Vercingétorix, organise la résistance. Il est battu en 52 avant J.-C. et la Gaule devient romaine.

*Astérix et un « Gaulois » d'aujourd'hui, l'acteur **Gérard Depardieu**.*

Comme le montre le succès de la bande dessinée *Astérix le Gaulois*, les Français se sentent gaulois. Ils aiment bien manger et bien boire. Ils aiment les batailles verbales. Ils se croient généreux et intelligents. Ils adorent les gauloiseries (plaisanteries pour adultes). Ils ont un côté désorganisé et brouillon, et, comme Vercingétorix, ils perdent... quelquefois les guerres et souvent les matches internationaux de football.

## • Jeanne d'Arc

**D**ébut du XVe siècle. Depuis cent ans, la France est en guerre avec l'Angleterre. Une jeune paysanne, guidée par la voix de saint Michel, arrive à la cour du roi de France, prend la direction de l'armée et donne au pays sa première grande victoire.

Les Jeanne d'Arc d'aujourd'hui n'entendent plus la voix de saint Michel. Elles sont chefs d'entreprise ou défendent une grande cause.

Caractéristiques : elles ont les cheveux courts, savent se battre et ont tous les hommes contre elles. Jusqu'en 1995, une seule femme a été Premier ministre en France (Édith Cresson). Elle n'a pu rester au pouvoir que quelques mois.

*Jeanne d'Arc et **Dominique Voynet**, candidate écologiste à l'élection présidentielle de 1995.*

# • Louis XIV et son siècle

Louis XIV et son siècle ont donné aux Français :

• **Le goût de la grandeur.** Les Français d'aujourd'hui ne regrettent plus leur grand empire colonial. Mais ils aiment penser que leur langue est parlée un peu partout dans le monde. Et ils sont fiers de leurs monuments *(voir p. 86)*, de leur cuisine, de leurs paysages, etc.

• **Le goût de la géométrie.** L'ordre et l'harmonie du château de Versailles et de l'étiquette (organisation de la vie quotidienne) de la Cour se retrouvent aujourd'hui dans les jardins publics ou privés et dans l'organisation des repas des Français.

**Villandry.** *Le château et les jardins à la française.*

Le goût de la géométrie marque aussi le langage. La France est appelée l'Hexagone. La place Charles-de-Gaulle, où se trouve l'Arc de triomphe, est la place de l'Étoile. Le pays est toujours partagé en deux parties symétriques : Paris et la province, la droite et la gauche, le Nord et le Sud, les fumeurs et les non-fumeurs, etc.

# • Voltaire et les intellectuels

Voltaire (XVIIIᵉ siècle), Jean-Paul Sartre, Bernard-Henri Lévy : même combat. Ce sont des « intellectuels ». Pour être un « intellectuel » en France, un doctorat de philosophie et un poste à l'université ne suffisent pas. Il faut :

• être écrivain : écrire des romans, des essais, des articles ;

• critiquer la politique du gouvernement ;

• voyager, prendre la défense des peuples en difficulté ;

• se montrer souvent à la télévision (ce que Voltaire ne pouvait pas faire) ;

• manger à la table des grands (ce que Voltaire a beaucoup fait).

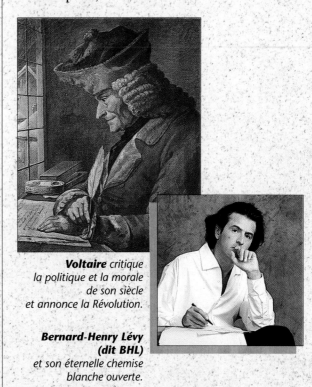

**Voltaire** *critique la politique et la morale de son siècle et annonce la Révolution.*

**Bernard-Henry Lévy (dit BHL)** *et son éternelle chemise blanche ouverte.*

**1** Lisez ces deux pages. Relevez les traits de caractère et de comportement des Français et commentez-les. Les trouvez-vous justes ou caricaturaux ? Donnez des exemples.

**2** Relevez le vocabulaire portant sur le thème de la guerre.

**3** Connaissez-vous un autre personnage célèbre de l'Histoire de France ? Documentez-vous et présentez-le.

**4** Connaissez-vous, dans l'Histoire de votre pays, des personnages qui symbolisent des comportements et des idées d'aujourd'hui ?

# *La fortune sourit aux audacieux*

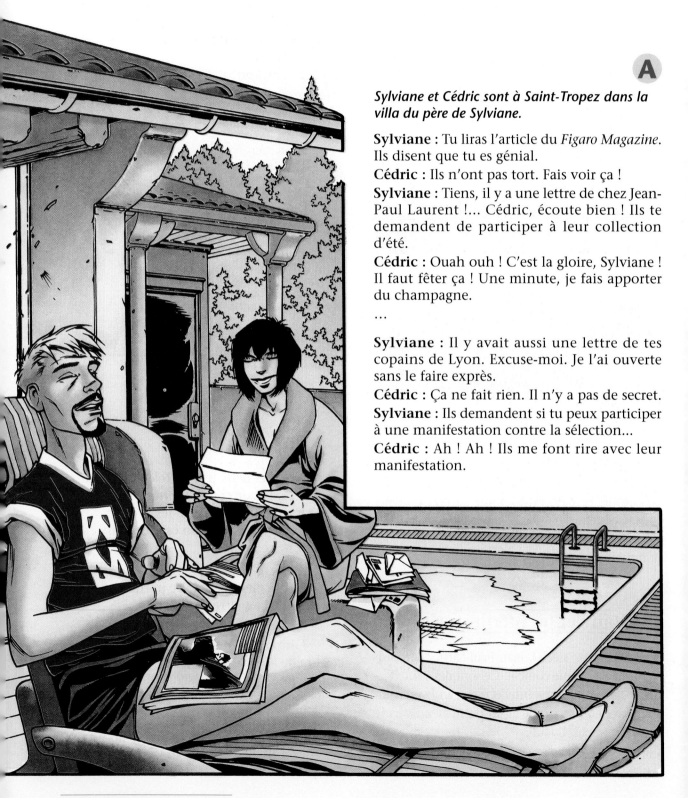

**A**

*Sylviane et Cédric sont à Saint-Tropez dans la villa du père de Sylviane.*

**Sylviane :** Tu liras l'article du *Figaro Magazine*. Ils disent que tu es génial.

**Cédric :** Ils n'ont pas tort. Fais voir ça !

**Sylviane :** Tiens, il y a une lettre de chez Jean-Paul Laurent !... Cédric, écoute bien ! Ils te demandent de participer à leur collection d'été.

**Cédric :** Ouah ouh ! C'est la gloire, Sylviane ! Il faut fêter ça ! Une minute, je fais apporter du champagne.

…

**Sylviane :** Il y avait aussi une lettre de tes copains de Lyon. Excuse-moi. Je l'ai ouverte sans le faire exprès.

**Cédric :** Ça ne fait rien. Il n'y a pas de secret.

**Sylviane :** Ils demandent si tu peux participer à une manifestation contre la sélection...

**Cédric :** Ah ! Ah ! Ils me font rire avec leur manifestation.

*Sylviane et Cédric vont se marier. Ils cherchent un appartement pour l'acheter.*

**L'agent immobilier :** Vous permettez ! Je passe devant... Voilà... À droite, vous avez le salon, la salle à manger et la cuisine... et à gauche, deux chambres, la salle de bains et les toilettes. Vous voyez, c'est spacieux, clair...

**Sylviane :** C'est dommage. Il n'y a qu'une salle de bains.

**L'agent immobilier :** Ça ne vous suffit pas ?

**Sylviane :** À moi, si. Mais vous savez, dès qu'on est deux...

**Cédric :** Moi, je le vois aménagé cet appartement. On démolit la cloison entre le salon et la salle à manger...

**Sylviane :** Hé ! Doucement ! Je ne suis pas d'accord, moi. Il est joli, ce petit salon.

**Cédric :** Alors, tant pis, on ne fera que de petites réceptions.

**Sylviane :** Eh bien, tant mieux !

*Le père de Sylviane donne une réception.*

**Le père :** Cher ami, je vous présente mon futur gendre. Cédric, vous connaissez Nicolas Legrand, n'est-ce pas ?

**Cédric :** De nom et de réputation. J'adore vos chansons, monsieur.

**N. Legrand :** Figurez-vous que j'étais à la présentation de votre collection et que Valérie, ma femme, a tout simplement adoré !...

**Romain :** Une coupe de champagne, monsieur ?

**Cédric :** Romain ! Qu'est-ce que tu fais là, dans cette tenue ?

**Romain :** Eh bien, tu vois, le monde est petit. Je suis serveur chez le traiteur de la maison... Alors, tu as laissé tomber les copains ?

**Cédric :** C'est la vie !

**Romain :** Tu vois bien. Il ne faut jurer de rien.

# Rapporter des paroles - Exprimer une opinion

## Rapporter des paroles

La mère parle. | La fille répète les paroles de sa mère à son frère.

| Phrase déclarative | « Il fait beau. » | Elle dit qu'il fait beau. |
|---|---|---|
| Phrase impérative | « Dépêche-toi ! »<br>« Ne perds pas de temps. » | Elle te demande (dit) de te dépêcher.<br>Elle te dit (demande) de ne pas perdre de temps. |
| Phrase interrogative | « Tu veux aller en ville ? »<br><br>« Qui veux-tu voir ? »<br>« Qu'est-ce que tu veux faire ? »<br><br>« Où veux-tu aller ? » | Elle (te) demande si tu veux aller en ville.<br>Elle (te) demande qui tu veux voir.<br>Elle (te) demande ce que tu veux faire.<br>Elle (te) demande où tu veux aller. |

**1** Vous visitez Paris avec un ami français et une amie de votre pays. Cette amie ne parle pas français. Vous traduisez.

Voici, déjà traduites, des phrases de votre amie. Que dites-vous en français ?

• « Ce monument est très beau. » → Elle dit que ce monument est très beau.

• « Comment ça s'appelle ? » → ...

• « Qu'est-ce que c'est ? » → ...

• « Montrez-moi la tour Eiffel ! » → ...

• « On va au café ? » → ...

• « Ne payez pas ! L'addition est pour moi. » → ...

• « Où allons-nous maintenant ? » → ...

**2** D'après le récit suivant, rédigez le dialogue entre Cédric et le père de Sylviane.

Sylviane a présenté Cédric à son père, M. Chambon. M. Chambon a demandé à Cédric ce qu'il faisait. Cédric a répondu qu'il préparait une collection de mode. M. Chambon lui a alors demandé s'il pouvait faire quelque chose pour lui. Le jeune homme a répondu qu'il voudrait bien voir le garage du 14ᵉ arrondissement. M. Chambon lui a dit d'aller le voir avec Sylviane et il lui a donné la clé. Cédric l'a remercié.

**Sylviane** : « Bonjour papa, je te présente Cédric ... »

## Exprimer une opinion

• Qu'est-ce que vous (en) pensez ?
Qu'est-ce que vous (en) dites ?
Quel est votre avis ? votre opinion sur... ?

| Je crois que... | À mon avis... |
|---|---|
| Je pense que... | Personnellement, |
| Il me semble que... | je trouve que... |

• C'est vrai - c'est la vérité / c'est faux - c'est un mensonge - mentir ⑫

• Avoir raison / avoir tort
Elle a raison de refuser.

• Être pour / contre une proposition
*(voir aussi « Donner son opinion », p. 54).*

**3** Donnez votre opinion sur ces sujets.

**• Le comportement de Cédric depuis le début de l'histoire**
Est-ce qu'il a changé ? A-t-il raison ? Est-ce que ce qu'il fait est bien ?

**• L'art moderne**
Les « tags » (ou graffitis), forme nouvelle de l'art moderne ?
Les œuvres des artistes contemporains.

CÉSAR, *Compression légère,* 1988,
Centre Georges-Pompidou, Paris.

**• Le discours du râleur**

Il faut interdire :
*les voitures dans
les villes ;
la vente d'alcool,
de tabac ;
les clochards,
les divorcés,
les ...*

---

■ *Faire* + verbe à l'infinitif

Le chef d'orchestre **fait chanter** la chorale.

Elle lui raconte des histoires drôles.
Elle le **fait rire**.

**4** Imaginez la suite comme dans l'exemple. Utilisez la forme *faire* + verbe entre parenthèses.

• Cédric veut du champagne. Il appelle quelqu'un.
→ ... *(apporter)*
→ Il fait apporter du champagne.

• Éric Blanc ne sait pas taper à la machine. → ... *(taper)*

• La voiture d'Éric Blanc est en panne. → ... *(réparer)*

• Le directeur d'Alma veut équiper son entreprise d'un Point-Accueil interactif. → ... *(faire)*

• Sylvie a vu un film très triste. → ... *(pleurer)*

• L'écrivain vient d'écrire un nouveau roman. Il veut avoir l'avis de sa femme. → ... *(lire)*

---

## Entraînez-vous

**1. Marie parle à Jacques. Mais Jacques n'entend pas bien. Répétez les paroles de Marie comme dans l'exemple.**

**Marie** : Je sors.
**Jacques** : Quoi ?
**Vous** : Elle dit qu'elle sort.

**2. Le père de Sylviane est riche. Il ne fait rien lui-même. Répondez pour lui.**

• Vous réparez votre voiture ?
– Non, je la fais réparer.
• Vous lavez vos vêtements ?
– Non, ...

# Se loger

**1** Lisez ces annonces immobilières.

**a) Faites la liste :**
• des différents types de logement : maison, *etc.* ;
• des différentes pièces et des lieux de la maison. Complétez ces listes.

> **Paris-Montparnasse. À VENDRE.**
> Studio 25 m² – 4e étage.
> Immeuble de standing.
> Clair et calme. 500 000 F.

> **Cévennes. À VENDRE.**
> Maison de village. 100 m² habitables.
> + cour (40 m²) – Ensoleillée.
> À rénover. 500 000 F.

> **Grenoble. Centre ville. À LOUER.**
> Dans bel immeuble ancien.
> Appartement 3 pièces.
> Cuisine équipée.
> 3 000 F/mois.

> **Dans village de Provence. À LOUER. Juillet/août.** Meublé.
> Grande villa. Jardin. Piscine.
> *Au rez-de-chaussée :* grand salon, salle à manger, cuisine, WC.
> *À l'étage :* 4 chambres, WC, 2 salles de bain. Belle vue. 20 000 F/mois.

**b)**  Écoutez. Un agent immobilier propose un logement à Sylviane et à Cédric. Notez les caractéristiques de ce logement. Rédigez l'annonce correspondante.

**c) Dialoguez avec votre voisin(e).** L'un de vous joue le rôle de l'agent immobilier. L'autre joue le rôle du client.
« Je cherche un studio (une villa, etc.) dans le quartier ... à louer / à acheter ...
– Oui, nous avons ... »

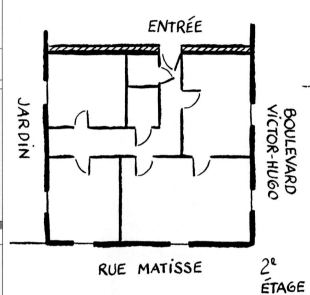

**2** Vous venez de vous installer dans l'appartement ci-dessus.

**a) Indiquez le nom des pièces.**
**b) Dans quelle pièce avez-vous placé les meubles et objets suivants :**

> une armoire - deux bibliothèques - deux bureaux - un canapé - 12 chaises - une cuisinière électrique - trois fauteuils - deux lits - deux miroirs - une poubelle - un réfrigérateur - deux tables - une table basse - trois tapis.

**c) Écrivez à un(e) ami(e) pour lui présenter votre nouveau logement.** Précisez :
• **la situation :** le quartier (tranquille/animé, *etc.*) - l'exposition (clair/sombre, *etc.*)
• **la disposition des pièces :** « On entre dans un couloir. À gauche, il y a ... »
• **quelques détails de votre installation :** « J'ai mis ma bibliothèque de 2 000 livres dans ... »

**3** Observez les photos de la page suivante. Dans quel type d'habitation se trouve chaque pièce ?

• **Où préféreriez-vous habiter ? Quels sont les défauts et les qualités de ces logements ?**

## Prononciation

### Les sons [f] - [v] - [p]

**1** Écoutez. Notez dans quel ordre les mots suivants sont prononcés.

**a)** un feu - un vœu - un peu
**b)** la fin - le vin - le pain
**c)** fa - va - pas
**d)** des faux - des veaux - des pots
**e)** finir - venir - punir
**f)** il souffre - il s'ouvre - il soupe

**2** Répétez les mots dans l'ordre ci-dessus.

**3** Répétez ces phrases célèbres.
« Souvent femme varie » (FRANÇOIS Ier).
« Fais ce que (tu) voudras » (RABELAIS).
« Impossible n'est pas français » (NAPOLÉON Ier).
« Je ne pense jamais au futur. Il vient assez tôt » (EINSTEIN).
« Qui veut la fin, veut les moyens » (proverbe).

# MAGIES DE PARIS

*Les escaliers
de Montmartre.*

*Le Grand Louvre et la Pyramide.*

*Le quartier chinois.*

*La place de la Sorbonne.*

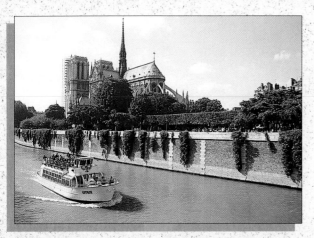

*Notre-Dame.*

*La place de la Concorde, la nuit.*

## Ils sont étrangers.
## Ils disent pourquoi ils habitent Paris.

« **P**aris est une ville solitaire… poétique. »
Lola BERMUDEZ (Espagne)

« **C**ette ville est pour moi un refuge… Je vis en harmonie avec les vieilles pierres du Marais et les ombres de Notre-Dame… Paris est pour moi une forme de Paradis. Le paradis des cinéphiles. »
Bart REISS (États-Unis)

« **S**i quelqu'un me demande ce que je trouve à cette ville, je réponds : quelque chose qui est dans l'air. »
Kulendren MEYAPPEN (Sri Lanka)

***L'Événement du jeudi,*** 01/09/1994.

**1** Observez les photos des *pages 140, 141, 142* et le plan de la *page 175*.
Situez sur le plan tous les lieux de Paris que vous connaissez.

**2** Par petits groupes, choisissez deux photos :
• une pour décorer votre classe. Dites pourquoi vous l'avez choisie ;
• une autre pour servir de décor à une scène de film. Racontez la scène.

**3** Lisez les remarques des étrangers qui vivent à Paris. Qu'est-ce qui fait pour eux la magie de Paris ?

Dites ce qui fait pour vous la magie de Paris ou d'une autre ville que vous aimez.

*L'avenue des Champs-Élysées.*

*Le quartier Barbès.*

*Le pont Alexandre-III.*

**4** **Lisez les phrases suivantes.
De quels lieux de Paris parle-t-on ?**

**a)** Cette avenue de 3 km commence à la place de la Concorde et finit à la place de l'Étoile.

**b)** C'est le décor d'un roman de Victor Hugo. Un des personnages du roman s'appelle Quasimodo.

**c)** Ancien château des rois de France. Aujourd'hui, un grand musée.

**d)** De 1870 à 1914, c'était le quartier des artistes et des poètes.

**e)** Les premiers habitants de Paris se sont installés dans ce lieu.

## 1 Le futur

Il fait des projets. Elle n'est pas tout à fait d'accord. Rédigez leur dialogue.

Démissionner de mon poste à la SPEN.
Créer notre entreprise.
Travailler ensemble.
Être très dynamique.
Réussir.

Être capable ?
Avoir assez d'argent ?
Avoir des difficultés.
Lutter contre la concurrence.
Échouer.

## 2 Les pronoms « en » et « y »

Remplacez les groupes soulignés par les pronoms « en », « y » ou un autre pronom.

- Il connaît bien les États-Unis. Il vient des États-Unis.
- Il aime New York. Il est allé à New York.
- Il est resté 10 jours à New York. Il a adoré cette ville.
- Il aime aussi le Texas. Il a visité le Texas.
- Il a voulu voir des cow-boys. Il a vu beaucoup de cow-boys.

- L'examen de Marie est dans 10 jours. Elle pense beaucoup à son examen.
- Elle travaille beaucoup. Elle a besoin de travailler.
- Elle a 40 dossiers à réviser. Elle révise 4 dossiers par jour.
- Elle ne sait pas si elle réussira. Mais elle espère réussir.
- Si elle échoue, elle ne sait pas ce qu'elle va faire. Elle réfléchira à cela après les résultats.

## 3 Rapporter des paroles

Le vieux monsieur est un peu sourd. Il vous demande ce qu'ils disent. Répondez.

Faites attention !

Ne traversez pas !

Que cherchez-vous ?

Vous savez où vous allez ?

Il est interdit de traverser.

## 4 Le logement

Vous êtes agent immobilier et vous faites visiter cette maison à un client. Rédigez cette présentation.

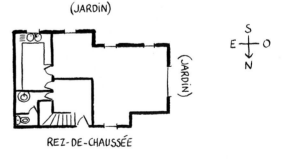

(JARDIN)

(JARDIN)

REZ-DE-CHAUSSÉE

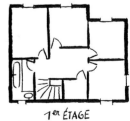

1er ÉTAGE

- **Choisissez une pièce. Indiquez les meubles, les accessoires, les éléments de décoration qu'on peut mettre dans cette pièce.**

# Bilan 5

## 5 · L'éducation

**Complétez les pointillés avec un verbe et les rectangles avec un nom.**

Pour entrer à l'INSA (Institut national des sciences appliquées) de Lyon, j'ai dû passer un ▮▮▮ Heureusement, j(e) … Pendant mes 5 années d'études, j'ai suivi une ▮▮▮ d'ingénieur du bâtiment. Chaque année, je devais … un examen. Mais il n'était pas très difficile. À la fin, je suis sorti avec un ▮▮▮ d'ingénieur du bâtiment et j'ai tout de suite trouvé du travail.

## 6 · L'administration et la politique

**Trouvez le nom qui correspond à ces définitions.**

**a)** Première personnalité du pays, il nomme le Premier ministre.

**b)** Élus tous les cinq ans, ils représentent les Français à l'Assemblée nationale.

**c)** C'est le territoire et l'ensemble des habitants administrés par un maire et son conseil municipal.

**d)** Quand les ouvriers s'arrêtent de travailler pour protester.

**e)** On peut y voir le numéro d'un département français.

## 7 · L'histoire

**Complétez les pointillés avec un verbe et les cadres avec un nom.**

À partir de 150 avant J.-C., les armées romaines commencent la ▮▮▮ de la Gaule.

D'abord, les Romains … le sud de la Gaule. Mais les Gaulois du Nord et du Centre regroupent leurs armées. Vercingétorix est le ▮▮▮ de ces armées.

En 52 avant J.-C., à Alésia, une grande ▮▮▮ se déroule entre les Gaulois et les Romains. Les Gaulois sont battus. C'est une ▮▮▮ pour les Romains.

## 8 · Les vêtements

**Citez un vêtement qu'on peut mettre :**

• quand il fait très froid
• quand il fait très chaud
• quand il pleut
• pour la baignade
• si on est invité à une soirée

## 9 · Vocabulaire

**Parmi les verbes du tableau ci-dessous, trouvez :**

**a) pour chacun de ces verbes un verbe de sens proche :**

commander – s'opposer – réclamer – terminer – voter

**b) pour chacun de ces verbes un verbe de sens opposé :**

augmenter – ajouter – prêter – conserver – s'opposer

> *défendre – demander – diminuer – diriger – élire – finir – modifier – ne pas être d'accord – rendre – supprimer*

## 10 · TEST CULTUREL

**a) Quel est le symbole attaché à ces lieux ou à ces objets ?**

*Exemple :* La tour Eiffel → Le progrès industriel

• L'Arc de triomphe
• La place de la Bastille
• Le Centre Georges-Pompidou
• L'Hexagone
• Le buste de Marianne

**b) Voici des phrases souvent prononcées en France. Quelle mentalité reflètent-elles ?**

• « Ici, en France, c'est la désorganisation totale. »
• « La France peut apporter beaucoup aux autres peuples. »
• « Cet écrivain est très bien. Il fait partie du comité "un logement pour tous". »
• « Il faut commencer par le commencement. »
• « Ce type-là, il critique tout mais on ne sait pas ce qu'il pense. Finalement, il est de droite ou de gauche ? »

# UNITÉ 6

## COMPRENDRE ET S'EXPRIMER

- Comparer des personnes, des objets.
- Rechercher des informations dans les textes.
- Exprimer une volonté, exprimer des sentiments en utilisant le subjonctif.
- Caractériser et mettre en valeur par la proposition relative.
- Convaincre un interlocuteur.
- Rédiger un texte descriptif et incitatif.

## DÉCOUVRIR

- À travers la publicité, les rêves et les idéaux des Français.
- La presse et la télévision.
- La Communauté européenne (passé commun, espoirs et craintes, échanges éducatifs et culturels).
- Les pays francophones.
- Le cinéma psychologique.

# La publicité et nos rêves

**A**

PLUS PROCHE POUR ALLER PLUS LOIN.
BANQUE CIC

LE PAYS OÙ LA VIE EST MOINS CHÈRE.
CONFORAMA

Il y a plus d'une
vie dans la vie
d'une femme.

magazine
*Avantages*

LES MIEUX FAITS
POUR NE RIEN FAIRE

*CANAPÉS CINNA*

UN MEILLEUR MATÉRIEL,
C'EST DES EFFORTS EN MOINS.
CYCLES PEUGEOT

*La plus prestigieuse des signatures.*

*Montres Audemars-Piguet*

## LA PUBLICITÉ, MIROIR DE NOS RÊVES

Pour faire vendre, la publicité a toujours utilisé trois moyens : informer, séduire et faire rêver. Sur ces trois points, elle a changé. Aujourd'hui, elle apporte des informations plus objectives et plus précises que dans le passé. Elle nous séduit plus par l'humour et la beauté des images que par le sérieux. Et enfin, elle ne nous fait pas rêver de la même manière parce que nos rêves ont changé.

Les publicités d'aujourd'hui ne parlent pas seulement du produit. Elles ne disent pas seu-

lement : « cette voiture est la plus belle, la moins chère, la meilleure », mais aussi : « avec cette voiture, vous serez heureux, équilibré, intelligent, etc. ».

Les hommes et les femmes d'aujourd'hui ne rêvent plus de grands changements. Ils ont envie de supprimer les différences entre l'homme et la femme. Ils ont envie de réussir leur vie professionnelle comme leur vie privée. C'est cette image de nos rêves que la publicité nous renvoie.

*Les médias font leur pub.*

## La comparaison

■ **Les phrases comparatives et superlatives**

### 1. Comparaison des qualités (adjectifs et adverbes)

- Éric est **plus** rapide **que** Luc et Jean.
  Jean est **aussi** rapide **que** Luc.
  Marc est **moins** rapide **que** ses amis.
  Éric et Jean sont rapides. Mais Éric est **plus** rapide.

Marc      Luc et Jean      Éric

- Éric court **plus** vite **que** ses amis.
  Luc court **aussi** vite **que** Jean.
  Marc court **moins** vite **que** ses amis.

- •Éric est **le plus** rapide.
  Marc est **le moins** rapide.

- **Bon** → **meilleur** / **aussi** bon / **moins** bon
  Éric est **meilleur** coureur **que** ses amis.
  → **le meilleur**
  Éric est **le meilleur**.

- **Bien** → **mieux** / **aussi** bien / **moins** bien
  Éric court **mieux que** ses amis.

### 2. Comparaison des quantités (noms et verbes)

- Marie a traité **plus de** dossiers **que** ses collègues.
  Léa a traité **autant de** dossiers **que** Sophie.
  Eva a traité **moins de** dossiers **que** ses collègues.

  Sophie et Marie ont traité beaucoup de dossiers.
  Mais Marie en a traité **plus**.

Eva      Léa      Sophie      Marie

- Marie travaille **plus que** ses collègues.
  Léa travaille **autant que** Sophie.
  Eva travaille **moins que** ses collègues.

**NB :** Le superlatif des adverbes, des noms et des verbes se construit avec une proposition relative (*voir p. 164*).
C'est Éric qui court **le plus** vite.

---

**1**    **a)** Lisez ces résultats sportifs et complétez les phrases.

| CHAMPIONNAT D'EUROPE D'ATHLÉTISME - HELSINKI 1994 | | |
|---|---|---|
| **Saut en hauteur (hommes)** | **Saut en longueur (dames)** | **100 m (dames)** |
| **1.** S. Hoen (Nor.) - 2,35 m | **1.** H. Drechsler (All.) - 7,14 m | **1.** I. Privalova (Rus.) - 11″02 |
| **2.** A. Partyka (Pol.) - 2,33 m | **2.** I. Kravets (Ukr.) - 6,99 m | **2.** Z. Tarnopolskaya (Ukr.) - 11″20 |
|     S. Smith (G.-B.) - 2,33 m | **3.** F. May (Ital.) - 6,90 m | **3.** M. Paschke (All.) - 11″28 |
| **3.** H. Saernblom (Nor.) - 2,30 m | | |

• S. Hoen saute ... haut que les autres athlètes. C'est ... au saut en hauteur.
S. Smith saute ... haut que A. Partyka.

• F. May saute ... loin que H. Drechsler. C'est ... des trois sportives au saut en longueur. H. Drechsler saute ... que les autres concurrentes.

• Z. Tarnopolskaya court ... vite que M. Paschke et ... vite que I. Privalova. I. Privalova est ... rapide au 100 mètres dames.

**b) Comparez les qualités de sportifs que vous connaissez. Utilisez les mots suivants :**

• être meilleur, aussi bon ... coureur, sauteur, joueur... que...
• jouer, courir, sauter, lancer ... mieux, aussi bien ... que...
• être rapide / lent - adroit - fort - résistant

*Stéphane Diagana,*
*recordman d'Europe du 400 m haies, Lausanne, juin 1995.*

**2** **Lisez le tableau et faites des comparaisons comme dans l'exemple.**

• **La consommation de médicaments**
« Les Italiens consomment plus de médicaments que les Anglais. Les Allemands ... »

• **Les vacances...**
des Français et des Anglais
des Allemands et des Anglais
des Anglais et des Italiens

• **L'âge de la retraite...**
des hommes et des femmes en France
des hommes en France et en Grande-Bretagne, etc.

| Comparaisons européennes | | | | |
|---|---|---|---|---|
| | France | Alle-magne | Italie | Grande-Bretagne |
| Nombre de médicaments consommés par habitant et par an | 29 | 12 | 20 | 7 |
| Nombre de semaines de vacances par an | 17 | 12 | 16 à 19 | 12 |
| Âge de la retraite hommes/femmes | 60/60 | 65/60 | 60/55 | 65/60 |

**3** **Comparez les habitudes dans les pays que vous connaissez.**

• **La journée**
« Les Espagnols dînent plus tard que ... »

• **La nourriture**
« Les Français mangent plus de pain que ... »

• **La fête – Les conversations – Etc.**

## Entraînez-vous

**1. Comparez Paris et Marseille. Répondez.**
• Est-ce que Marseille est une ville plus grande que Paris ?
  – Non, Marseille est moins grande.
• Est-ce qu'il y a plus d'habitants à Paris qu'à Marseille ?
  – Oui, il y a plus d'habitants.

**2. Juliette et Audrey se présentent au concours de Miss Côte d'Azur. Lisez le tableau et répondez aux questions.**

| | Juliette | Audrey |
|---|---|---|
| Taille | 1,73 m | 1,69 m |
| Poids | 57 kg | 56 kg |
| Tour de taille | 63 cm | 62 cm |
| Âge | 18 ans | 20 ans |
| Diplômes | Bac | DEUG |

• Est-ce qu'Audrey est plus grande que Juliette ?
  – Non, ...

# Les mots, les objets et nos rêves

**1** Lisez le tableau ci-dessous. Regroupez les mots pour montrer :

• les cinq ou six principales aspirations des Français,
• les trois ou quatre principales peurs des Français.

**a)** Faites la liste des dix mots que vous appréciez le plus. Comparez-les avec les autres listes faites dans la classe. Faites la liste des mots les plus souvent cités.

**b)** Comparez avec les aspirations et les peurs des Français.

**c)** Recherchez si ces idées se retrouvent dans la publicité de la page 146 et dans les publicités de votre pays.

## LE PALMARÈS DES MOTS

| Classement des mots les plus appréciés des Français | | Les mots les moins appréciés |
|---|---|---|
| 1. Paix | 11. Honnête | 210. Guerre |
| 2. Tendresse | 12. Caresse | 209. Trahir |
| 3. Amitié | 13. Fleur | 208. Angoisse |
| 4. Rire | 14. Naissance | 207. Mort |
| 5. Gaieté | 15. Maison | 206. Désordre |
| 6. Fidélité | 16. Cadeau | 205. Fusil |
| 7. Famille | 17. Campagne | 203. Danger |
| 8. Guérir | 18. Courage | 202. Vide |
| 9. Confiance | 19. Humour | 201. Vieillir |
| 10. Douceur | 20. Confort | 200. Chasse |

Étude Francoscopie/Sofrès, Gérard Mermet,
*Francoscopie*, 1995, © Larousse.

**2** Lisez ce début d'un poème d'Alain Bosquet.

• De quels objets, de quelles marques parle-t-il ?
• Quelle est la signification du poème ? Êtes-vous d'accord avec cette signification ?
• Imitez ce poème en décrivant votre attachement à certaines marques.

### L'APPARTENANCE

Bien lavé ? J'appartiens au savon Palmolive.
Bien rasé ? J'appartiens à ma lame Gillette.
Bien nourri ? J'appartiens à mon yoghourt Danone.
À l'heure ? J'appartiens à ma montre Oméga.

J'appartiens, romancier, à mes deux pointes Bic.
J'appartiens, mélomane, aux appareils Thomson.
J'appartiens, voyageur, à ce Boeing d'Air France.
J'appartiens, quand je rêve, aux pilules Sandoz. [...]

Alain Bosquet, *Sonnets pour une fin de siècle*,
© éd. Gallimard, 1980.

# Nouveaux objets,

**Les nouveaux objets** ont des formes plus douces et sont plus colorés. Ils doivent être pratiques et faciles à transporter.

**Les nouveaux immeubles**
Petites fenêtres sans volets à l'extérieur. À l'intérieur : tout le confort, la climatisation et l'insonorisation.

**3** Observez et commentez les documents de la page suivante.

**a)** Décrivez les objets. Comparez-les avec les mêmes objets plus anciens.

« Aujourd'hui, les voitures sont plus ..., moins ... »

**b)** Quels nouveaux comportements traduisent ces nouveaux objets ?

« Aujourd'hui, il y a des voitures faites pour les familles ou les groupes. On peut emporter beaucoup de choses ...
Il y a aussi des "voitures-bureau" avec téléphone, répondeur, télécopie. ... »

**c)** Quelles aspirations traduisent ces nouveaux comportements ? Retrouvez-vous les aspirations du tableau de l'exercice 1 ?

**d)** Décrivez et commentez d'autres nouveaux objets.

# nouveaux comportements

**La Renault Espace**
Une nouvelle « idée » de voiture.
Spacieuse, familiale, pratique
(grand coffre), sûre et économique.
Une des « voitures à vivre » des années 90.

**La télévision** et surtout **la radio**
ont aussi de nouvelles fonctions :
faire rire et donner la parole aux
téléspectateurs et aux auditeurs.
Tous les soirs, un million
d'adolescents écoutent
les animateurs Doc et Difool
sur Fun Radio et n'hésitent
pas à leur parler de leurs
problèmes les plus intimes.
Les animateurs restent
des amuseurs mais deviennent
aussi des confidents
et des conseillers.

**La télécommande**
Un objet symbolique des comportements
des années 80 et 90.
On « zappe » devant son téléviseur mais
aussi dans ses loisirs et dans sa vie
professionnelle. C'est la manifestation
d'un désir de tout voir et de tout faire.

## Prononciation

### Jeu sur les sons

Les slogans publicitaires jouent souvent sur
les sons. Écoutez et répétez.

• Sons [ɔ] - [ɔ̃] - [ɑ̃]
« Une fois encore, c'est Knorr » *(un potage)*.
« Si c'est Grosjean, c'est le bon temps » *(un fromage)*.
« Un saucisson bon comme on l'aime chez nous, c'est Cochonou » *(un saucisson)*.

• Sons [j] - [œ] - [ɛ]
« Il n'y a que Maille qui m'aille » *(une moutarde)*.
« Pas d'erreur, c'est Lesieur » *(une huile)*.
« Si légères qu'on exagère » *(les frites)*.

• Son [ɛ̃]
« Du pain, du vin et du Boursin » *(un fromage)*.

# LES MÉDIAS

## • La presse

**1** Observez les journaux et les magazines de cette page et de la *page 147* (C).

**a)** Quel type d'information apportent les gros titres que vous pouvez lire :
• information politique - économique - sportive - culturelle - sociale - etc.
• information sur un fait divers - la vie pratique - la vie des célébrités - etc.

**b)** Classez les journaux et les magazines :
• quotidien national - régional - spécialisé (sports, etc.).
• magazine d'information générale - spécialisé dans un sujet (économie, etc.) - pour un public particulier.

**c)** Qui sont les lecteurs de ces journaux et magazines ?

Tout le monde ? des gens cultivés / peu cultivés ? des gens intéressés par... ?

## • La télévision

**2** Lisez ce programme de télévision. Imaginez le sujet des émissions en utilisant les mots du tableau.

*Exemple :* « Premiers baisers » : probablement une série pour les adolescents où on raconte les rencontres et les premières amours de jeunes lycéens.

**3** Comparez ces programmes avec ceux de votre pays.

**4** Imaginez et rédigez votre programme idéal pour une soirée de télévision.

**5** Écoutez les titres d'un journal télévisé. Notez les informations que vous entendez dans les domaines suivants.

- politique
- faits divers
- économie
- culture
- sports
- météo

- une émission culturelle - sportive
- une émission d'information - de variétés et de chansons - d'humour sur la politique
- un journal télévisé - un reportage - des informations pratiques
- un jeu - un film - une série

*UN VENDREDI SOIR À LA TÉLÉ*

| TF1 | France 2 | France 3 |
|---|---|---|
| **18.00 PREMIERS BAISERS** *Série française* | **18.15 LA FÊTE À LA MAISON** | **18.20 QUESTIONS POUR UN CHAMPION** Jeu. *Présentation : Julien Lepers.* |
| **18.30 LE MIRACLE DE L'AMOUR** Séparation | **18.45 QUE LE MEILLEUR GAGNE** | |
| **19.00 COUCOU !** *Pour connaître le nom de l'invité, tapez 3615 code TV MAG.* | **19.10 FLASH** | **18.50 UN LIVRE UN JOUR** *Présentation : Olivier Barrot. Une enfance lyonnaise de J.-J. Brochier.* |
| | **19.15 STUDIO GABRIEL** *Pour connaître le nom des invités, tapez 3615 code TV MAG.* | |
| **19.50 LE BÉBÊTE SHOW** | | **18.55 INFORMATIONS RÉGIONALES ET NATIONALES** |
| **20.00 JOURNAL** *Présentation : Claire Chazal* | **20.00 JOURNAL** *Présentation : Bruno Masure.* | **20.05 MÉTÉO** |
| **20.40 MÉTÉO** | **20.40 MÉTÉO** | **20.10 FA SI LA CHANTER** Jeu musical. *Présentation : Pascal Brunner.* |
| **20.45 STRASBOURG/ BORDEAUX** Quart de finale de la Coupe de France. En direct du stade de la Meinau. | **20.45 POINT ROUTE** | |
| | **20.50 MAIGRET ET LA VIEILLE DAME** Film TV de D. Delrieux. | **20.35 TOUT LE SPORT** |
| | | **20.50 THALASSA** *Magazine de la mer.* **Les îles de Bretagne.** |
| **22.40 TÉLÉ-VISION** Des animateurs de télévision viennent parler des hauts et des bas de leur carrière. | **22.45 BOUILLON DE CULTURE** *Présentation : Bernard Pivot. Invités :* écrivains, biographes, auteurs à l'occasion du troisième centenaire de la mort de La Fontaine. | **21.10 FAUT PAS RÊVER** Le cinéma au Burkina-Faso. Cinecittà à Tokyo. Babelsberg, Hollywood de l'été. |
| | **23.55 TARATATA** *Présentation : Nagui. Invités :* Barry White, star américaine de *soul music,* et Liane Foly. | **23.00 JOURNAL** |

D'après *TV Magazine,* 24 au 30 mars 1995.

# La France et le monde

*Le chevalier Perceval,
enluminure du XVᵉ siècle.*

*La cathédrale de Reims.*

*Mac Donald's
à Paris.*

## Opinions sur l'avenir de l'Europe  Ⓐ Ⓑ

Un débat sur l'avenir de l'Europe a réuni une centaine de jeunes de 18 à 25 ans.

« **J**e voudrais que l'Europe se fasse plus vite pour que nous puissions faire face aux géants de l'économie mondiale : l'Amérique et l'Asie. Il faut que nous mettions en commun nos moyens, nos idées et nos découvertes. »

**Sylvain, 19 ans,
étudiant en sciences économiques.**

« **J**e ne suis pas sûre que nous puissions demain travailler ensemble. Nous sommes trop différents. Il faudrait commencer par mieux nous connaître. Je voudrais, par exemple, que les langues européennes soient mieux enseignées, que toutes les écoles soient des écoles internationales. »

**Géraldine, 21 ans, étudiante en architecture.**

« **M**oi, j'ai peur que les pays ou les régions les plus riches dominent les autres. Avec la mobilité de l'emploi, les meilleurs professionnels iront vers les meilleures entreprises. Les régions pauvres deviendront encore plus pauvres. »

**Laure, 25 ans, ingénieur.**

« **P**our nous, Africains, les Européens forment un seul et même peuple. Dans tous les pays d'Europe, on trouve les mêmes modes de vie. Les villes se ressemblent. Les gens pensent de la même manière. »

**Ibrahim, 20 ans, étudiant en lettres.**

Les Européens ont une histoire en partie commune. Au Moyen Âge, les valeurs morales du chevalier et du christianisme se retrouvent dans beaucoup de pays. L'humanisme italien du XVᵉ siècle, la philosophie anglaise du XVIIᵉ siècle, la Révolution française au XVIIIᵉ siècle, le romantisme allemand ont influencé toute l'Europe.

Aujourd'hui, les pays européens partagent le même goût pour le modèle culturel américain. Ils mangent dans les mêmes « Mac Donald's », boivent le même « Coke », regardent les mêmes films et écoutent Michael Jackson.

# Le français dans le monde

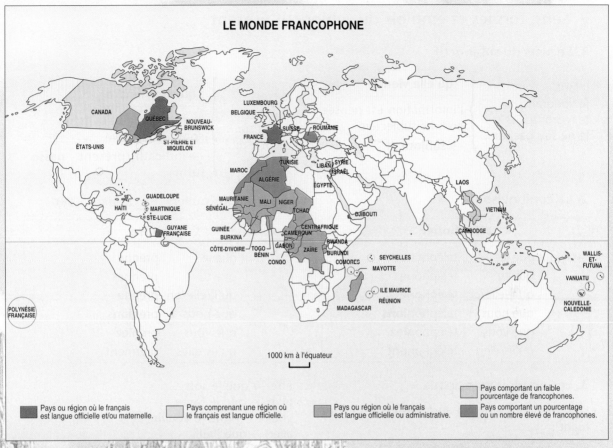

## LE MONDE FRANCOPHONE

1000 km à l'équateur

Pays ou région où le français est langue officielle et/ou maternelle.

Pays comprenant une région où le français est langue officielle.

Pays ou région où le français est langue officielle ou administrative.

Pays comportant un faible pourcentage de francophones.

Pays comportant un pourcentage ou un nombre élevé de francophones.

◀ Une rue commerçante de l'île de la Réunion.

▼ Une salle de classe à Dakar au Sénégal.

# Le subjonctif

## ■ Sens, formes et emplois du subjonctif présent

### 1. Le sens du subjonctif

Il faut...
Je voudrais...
Je regrette...
Je ne suis pas sûr...
} **qu'elle vienne**

l'information est pensée comme subjective

→ **subjonctif**

Je crois...
Je pense...
Je suis sûr...
Elle me dit...
} **qu'elle viendra**

l'information est pensée comme objective

→ **indicatif (présent - passé - futur)**

### 2. La conjugaison

| téléphoner | |
|---|---|
| Il faut que je | téléphone |
| que tu | téléphones |
| qu'il/elle/on | téléphone |
| que nous | téléphonions |
| que vous | téléphoniez |
| qu'ils/elles | téléphonent |

### 3. Les emplois principaux

Le subjonctif s'emploie après les verbes exprimant :

• **la volonté, la nécessité, le souhait, la préférence**
Je veux... Je voudrais... Je demande...
Je souhaite... Je préfère... Il faut...
Je voudrais qu'il fasse beau demain.

• **les sentiments (sauf** *espérer***)**
J'ai peur... J'aime... Je suis heureux...
Je suis heureux qu'il vienne.

• **le doute**
Je doute... Je ne suis pas sûr...
Je doute qu'il fasse beau demain.

• **Verbes irréguliers** *(voir tableau p. 183)*

| prendre | |
|---|---|
| Il faut que je | prenne |
| que tu | prennes |
| qu'il/elle/on | prenne |
| que nous | prenions |
| que vous | preniez |
| qu'ils/elles | prennent |

être → **que je sois, ...**
faire → **que je fasse, ...**
vouloir → **que je veuille, ...**
aller → **que j'aille, ...**
avoir → **que j'aie, ...**
pouvoir → **que je puisse, ...**

Je souhaite que la crise finisse et que les ventes reprennent.

**NB :** Quand le sujet des deux propositions est le même, on utilise l'infinitif.
Je voudrais venir.
Je regrette de partir.

---

**1** Mettez les verbes entre parenthèses à la forme qui convient.

**Souhaits pour une Europe de l'éducation et de la culture.**

• Je voudrais que les systèmes éducatifs *(être)* harmonisés.

• Il faudrait qu'on *(enseigner)* mieux les langues européennes. Il faut que les élèves *(faire)* plus de séjours linguistiques. Il faut aussi que l'on *(pouvoir)* apprendre les langues par la télévision. Il faudrait qu' *(il y a)* une chaîne de télévision spécialisée dans l'apprentissage des langues.

• Je souhaite que les gens *(connaître)* mieux l'histoire, la littérature des autres pays.

**2** Ils évoquent leurs doutes et leurs regrets sur la construction européenne. Formez les phrases avec le verbe entre parenthèses, comme dans l'exemple.

• Il n'y a pas beaucoup de différences entre les pays d'Europe. *(Je ne suis pas sûr ...)*
→ Je ne suis pas sûr qu'il n'y ait pas beaucoup de différences ...

• Les particularités régionales seront préservées. *(Je doute ...)*
• L'Europe économique passe avant l'Europe culturelle. *(Je regrette ...)*
• Les Européens s'habitueront vite à la nouvelle monnaie. *(Je ne suis pas sûr ...)*
• Les gens iront travailler dans les autres pays. *(Je doute ...)*
• Les pays les plus riches aideront les moins riches. *(J'ai peur ...)*

---

**3** Faites des vœux pour un monde meilleur (travail de groupes).

Lisez ces titres de presse. De quels problèmes s'agit-il ?
Choisissez un de ces problèmes. Que faudrait-il faire ? Que souhaitez-vous ?
Avez-vous des doutes sur ces solutions ? (Utilisez le vocabulaire du tableau.)

ATTENTAT À LA BOMBE DANS UN SUPERMARCHÉ

600 MILLIONS D'ENFANTS MAL NOURRIS

LA DISPARITION DES ÉLÉPHANTS

100 000 PERSONNES SANS LOGEMENT EN FRANCE

DE NOUVEAU LA GUERRE EN AFRIQUE

ALERTE DANS LA CENTRALE NUCLÉAIRE

• aider
• apporter
• contrôler
• développer
• donner
• éduquer
• enseigner
• interdire
• résoudre (le problème de…)
• surveiller

« Il ne faut plus qu'il y ait d'attentat à la bombe. Pour cela, nous souhaitons ... Nous voulons ... Il faudrait ... »

## Entraînez-vous

**1.** Une famille se prépare à aller faire un pique-nique à la campagne. La mère donne des ordres. Transformez-les comme dans l'exemple.

• Pierre, sors la voiture du garage !
→ Pierre, il faut que tu sortes la voiture du garage.

**2.** Des parents parlent de leur fille Valérie, élève dans un lycée. Continuez le dialogue comme dans l'exemple.

• Tu crois que Valérie travaille beaucoup ?
– Je ne suis pas sûr qu'elle travaille beaucoup.

# L'Europe sans frontières

## INFLUENCES

**N**îmes : ville de 130 000 habitants entre Avignon et Montpellier. Un vieux monsieur sort d'une boulangerie, une baguette sous le bras. Pas de doutes nous sommes bien en France. Mais promenons-nous dans les rues ! Des monuments romains. Un joli temple de style grec. Des maisons aux façades très italiennes. Une médiathèque moderne, la fierté de la ville, construite par un architecte anglais, où l'on présente une exposition de l'artiste allemand Bueys. Un « English Center » où l'on prépare le diplôme de Cambridge.

*La féria de Nîmes.*

*La Maison carrée.*

Et trois fois par an, une fête très espagnole, la féria, où la langue castillane se mélange à la française pour appeler les courses de taureaux des « corridas » et les petits cafés des « bodegas ».

Visitons les villages des environs ! On y rencontre des Belges, des Allemands, des Hollandais en vacances ou à la retraite.

Sortons des villages, allons dans les terres où l'on cultive les vignes, les légumes ou les arbres fruitiers ! Les ouvriers agricoles sont plus souvent algériens, marocains ou cambodgiens que français. Comme beaucoup d'Italiens et d'Espagnols dans les années 40 et dans les années 60, ils s'installeront ici et leurs noms viendront enrichir l'exotisme de l'annuaire du téléphone.

---

**1** Lisez le texte ci-dessus. Faites la liste des présences et des influences étrangères dans la ville de Nîmes.

Expliquez chaque influence par une des causes suivantes.

- La proximité géographique
- L'occupation de la région à une époque de l'Histoire
- L'intérêt des étrangers pour la région (climat - intérêt touristique)
- L'immigration pour des raisons politiques
- L'immigration pour la recherche d'un emploi
- L'intérêt des Français pour les langues et les cultures étrangères

**2** Utilisez la liste suivante pour rechercher les présences ou les influences françaises dans votre pays. Si elles sont nombreuses, travaillez en petits groupes.

**a) Les organismes officiels :** une ambassade (le service culturel - le service économique, *etc.*) - un consulat - un centre culturel - un institut - une Alliance française.

**b) Les entreprises :** les objets - les marques.

**c) Le vocabulaire :** les mots « menu », « rendez-vous », « souvenir » ont été exportés dans beaucoup de pays.

**d) L'art**
**e) La littérature**

L'impressionnisme, les pièces de Molière, *etc.*, ont-ils influencé les artistes ou les écrivains de votre pays ?

*Etc.*

**3** Lisez les informations ci-contre et écoutez. Deux personnes sont venues en France suivre des études ou une formation professionnelle. Pour chacune d'elles, trouvez les informations suivantes :

- Nationalité
- Niveau d'étude ou profession
- Type de stage, nombre, lieu(x) et durée
- Avantages
- Appréciation générale

● **Étudier, suivre une formation dans un pays de l'Union européenne**

- Un étudiant d'un pays de l'Union européenne peut suivre une formation professionnelle ou des études préparant à une profession dans un pays communautaire de son choix.

- Il existe de nombreux programmes européens d'échange pour l'apprentissage des langues, les études en général, la formation professionnelle.

- Pour avoir des renseignements sur ces programmes on peut s'adresser : aux universités, aux services culturels des ambassades, aux chambres de commerce ou aux organismes européens.

**4** Observez les photos de la page 154 et lisez les légendes.

- Êtes-vous d'accord avec ces légendes ?
- Trouvez dans la liste A ci-contre des mots qui peuvent caractériser le contenu de ces photos.

*Exemple :* le chevalier du Moyen Âge : le courage, *etc.*

- Trouvez dans la liste B les mots de sens opposé.

*Exemple :* l'amour des autres / la haine

- Recherchez dans l'Histoire, la littérature ou l'actualité des personnages représentatifs de ces mots.

*Exemple :* Don Quichotte : il est courageux, généreux, fidèle, idéaliste.

| A | B |
|---|---|
| l'amour des autres | l'égoïsme |
| le courage | l'esclavage |
| l'égalité | l'hypocrisie |
| l'esprit d'entreprise | l'idéalisme |
| la fidélité | l'inégalité |
| la générosité | l'infidélité |
| l'individualisme | la haine |
| la liberté | la paresse |
| la loyauté | la peur |
| le réalisme | la solidarité |

## Prononciation

### Les sons [u] - [ɥ] et [w]

**1** Répétez ces phrases.

Oui, chez nous il fait nuit
Lui, c'est Louis.
Vous dites oui ?
Je suis souvent en Suisse.
Je vous vois.
Ça, c'est tout toi !

**2** Écoutez et répétez ce poème.

Funèbre

Monsieur Miroir marchand d'habits
est mort hier soir à Paris.
Il fait nuit
Il fait noir
Il fait nuit noire à Paris.

Philippe Soupault, *Georgia, Épitaphes, Chansons*, © Philippe Soupault, 1984.

# TOUR DU MONDE EN FRANÇAIS

Commençons notre voyage par un pays de grands espaces couverts de neige en hiver, de grands lacs et de forêts aux couleurs magnifiques en automne.

**Le Québec,** province du Canada, était au XVII<sup>e</sup> siècle l'une des principales colonies établies par les rois de France en Amérique du Nord. Il est devenu anglais en 1763 jusqu'à l'indépendance du Canada en 1931. Mais le français y est aujourd'hui parlé par 80 % de la population et c'est la langue officielle. Un français différent du français de France, avec un accent particulier, des mots empruntés à l'anglais (« boss » pour directeur ou « checker » pour vérifier) et des mots qui ont gardé leur ancien sens (par exemple « char » pour automobile).

Reposons-nous sur une plage de sable blanc à l'ombre des cocotiers. Dans ce paradis, le peintre Paul Gauguin et le chanteur Jacques Brel ont choisi de finir leur vie.

**La Polynésie française,** c'est 130 îles aux noms magiques (Tahiti, Bora-Bora, les Marquises) réparties sur une surface grande comme celle de l'Europe. Ici aussi, le français est enseigné dans les écoles en même temps que le tahitien, mais entre eux, les Tahitiens préfèrent souvent parler leur langue maternelle.

Découverte par les Portugais au XVI<sup>e</sup> siècle, la Polynésie est devenue française au XIX<sup>e</sup> siècle. C'est aujourd'hui un territoire français autonome (territoire d'outre-mer).

Finissons le tour du monde par un safari dans une réserve d'animaux sauvages ou par la visite d'une grande plantation de café.

Située en Afrique, au bord de l'Atlantique, **la Côte-d'Ivoire** était, jusqu'à son indépendance en 1958, une colonie française. Tous les pays de l'ancien empire colonial français ont gardé la langue française comme langue de communication. Mais le français d'Afrique a son originalité. Il crée des mots et des expressions ou en change le sens. Par exemple « tout le monde a la même tête » signifie « ils pensent la même chose ». En Côte-d'Ivoire, le français est la langue officielle et la langue d'enseignement. Il a donné, comme dans les autres pays francophones, une importante et belle littérature.

**1** Observez la carte de la *page 155.* Repérez les grandes zones francophones. Situez les trois étapes du « Tour du monde en français ».

**2** Dans quel paragraphe parle-t-on :
• d'un pays ?
• d'une province ?
• d'un territoire autonome ?

**3** Comparez les paysages de ces trois lieux :
• relevez le vocabulaire de la géographie,
• complétez-le en décrivant les images.

**4** Comparez la situation de la langue française dans ces trois lieux. Indiquez :
• son origine historique,
• son importance actuelle (parle-t-on seulement français, etc. ?),
• l'originalité de la langue.

**5** Si vous deviez vivre dans un de ces pays, lequel choisiriez-vous ? Dites pourquoi.

# *Campagne publicitaire*

Tout au long de cette leçon, imaginez que…

**VOUS ÊTES UN PUBLICITAIRE.**
**Vous devez faire POUR LA FRANCE**
**LA PUBLICITÉ D'UN PRODUIT**
**DE VOTRE PAYS.**

Pour cela, vous devez imaginer :

**a)** une affiche et des slogans,

**b)** un texte publicitaire de 8 lignes,

**c)** un film de 30 secondes pour une publicité à la télévision.

Vous pouvez travailler seul ou en petit groupe.

Au cours de cette leçon vous apprendrez :
• à mettre en valeur un mot,
• à convaincre et à argumenter,
• à construire un scénario de film publicitaire.

■ **ÉTAPE 1**

**a) Choisissez votre produit.**

Vous pouvez faire la publicité :
• d'un objet : une voiture, un produit alimentaire, un objet d'art, etc.,
• d'une ville, d'un lieu touristique, d'un spectacle, d'un festival, etc.,
• d'un produit imaginaire : une voiture qui marche à l'eau, un téléphone qui traduit dans cinquante langues, une méthode pour apprendre rapidement, etc.

**b) Observez, sur ces deux pages, les trois formes de votre campagne publicitaire.**

## Exemple de texte publicitaire :
### LE TRADUCTOR (produit imaginaire)

Vous avez essayé plusieurs fois d'apprendre une langue étrangère. Sans succès. Vous avez bien appris quelques mots mais vous n'osez pas les prononcer.

**Adoptez TRADUCTOR, l'appareil qui révolutionne la communication internationale !**

Placé devant votre bouche, **TRADUCTOR** traduit immédiatement ce que vous dites.

Placé contre votre oreille, c'est le meilleur des interprètes.

La traduction des 50 langues les plus courantes, est programmée dans **TRADUCTOR.**

Alors, sans perdre de temps avec des livres et des cassettes, achetez **TRADUCTOR** et partez en voyage !

## Exemple de film publicitaire : NESCAFÉ (durée 40 secondes)

| Images : | Son : |
|---|---|
| *Extérieur :* Une rue, la nuit, sous la pluie. | **La petite fille :** Papa! |
| *Intérieur :* Un homme ouvre sa porte à une jeune femme et à une petite fille. La petite fille saute dans les bras de l'homme. | **La femme :** Elle a déjà dîné. Je passe la prendre dimanche soir. |
| Plusieurs images montrent la préparation du café avec Nescafé. | **L'homme :** Tu as bien deux minutes? Je te fais un café! |
| La femme regarde la cuisine avec nostalgie. L'homme présente la tasse de café et ils se regardent dans les yeux. La femme boit lentement le café. | **La femme :** Vite alors! |
| L'homme et la femme se regardent.  | **La femme :** Toujours fidèle à ce que je vois. **L'homme :** Toujours un sucre, je crois... Ça te va bien les cheveux mouillés. **La femme :** Il est bon ton café! *(On entend un coup de klaxon à l'extérieur.)* |
| L'homme et la femme se regardent avec un sourire un peu triste. | **La femme :** Mon taxi! J'y vais! |
| *Texte sur l'écran :* **ON A TANT À PARTAGER... NESCAFÉ** | **L'homme :** Ne prends pas froid! |

# Mettre en valeur

## ■ Les pronoms relatifs

### 1. « Qui » remplace une personne ou une chose, sujets du verbe.

**Anne Durand** est un bon professeur. Elle m'a fait découvrir l'Histoire.

→ Anne Durand est un bon professeur **qui** m'a fait découvrir l'Histoire.
→ **C'est** un professeur **qui** m'a fait aimer l'Histoire.

**La Renault Espace** est une voiture confortable.

→ La Renault Espace est une voiture **qui** est confortable.
→ **C'est** une voiture **qui** est confortable.

### 2. « Que » remplace une personne ou une chose, complément du verbe.

**Pierre Gerbault** est un ingénieur. Je l'apprécie beaucoup.

→ Pierre Gerbault est un ingénieur **que** j'apprécie beaucoup.
→ **C'est** un ingénieur **que** j'apprécie beaucoup.

J'ai visité **la Pologne** l'an dernier.

→ La Pologne est un pays **que** j'ai visité l'an dernier.
→ **C'est** un pays **que** j'ai visité l'an dernier.

### 3. « Où » remplace un complément de lieu ou de temps.

J'habite dans **un quartier** très animé.
→ Le quartier **où** j'habite est très animé.

> **VISITEZ LES GORGES DU VERDON**
> **Une région** **qui** vous offre des paysages sublimes, **que** vous aimerez, **où** vous ferez des promenades et du canoë-kayak.

---

**1** Complétez avec *qui, que, où.*

**Conversation dans un salon.**

« Vous connaissez Cédric Girard ?
– Bien sûr, c'est un garçon ... j'aime beaucoup. Je suis allé voir sa présentation de mode ... était formidable. Mais, vous n'avez pas lu l'article ... j'ai écrit sur lui ? L'article du *Figaro Magazine* ... je parlais de ses influences historiques ?
– Ah, c'est vous ... avez écrit cet article ! Eh bien, félicitations ! C'est un article ... aidera beaucoup ce jeune homme ... a de l'ambition et ... veut réussir.
– Je vais vous faire une confidence ... vous me promettez de ne pas répéter, hein ? Je connais la maison de couture ... il va travailler. »

**2** Combinez les deux phrases en utilisant un pronom relatif.

• *Le Monde* est un quotidien. J'aime le lire.
→ *Le Monde* est un quotidien que j'aime lire.

• Les fruits sont de bons aliments. Ils apportent des vitamines.

• Le TGV est un train rapide. Il fait Paris-Lyon en deux heures.

• Renaud fait des chansons. Je les aime beaucoup.

• La Provence est une région de France. En Provence, il fait beau presque toute l'année.

• Le Macintosh est un ordinateur. On l'utilise beaucoup pour le traitement de texte.

**3** Expliquez ces mots comme dans l'exemple.

• **La potée auvergnate** (un plat)

→ C'est un plat qui est fait de choux et de saucisses et qui est une spécialité de l'Auvergne.

• **Le Minitel** (un appareil) →
• **Le SAMU** (un service) →
• **Les Champs-Élysées** (une avenue) →
• **Le Centre Georges-Pompidou** (un bâtiment) →

**4** Reconstruisez les phrases suivantes en mettant les mots en gras au début de la phrase.

• Le mois dernier, j'ai lu **un livre** passionnant.
→ **Le livre** que j'ai lu le mois dernier était passionnant.

• Elles pratiquent toutes **un sport** : le tennis. → …
• Vous portez **un pull** en laine ou en coton ? → …
• M. Smith est **professeur**. Il m'a appris l'anglais.
→ …
• J'aime beaucoup aller au cinéma **La Pagode**.
→ …

---

■ **Autres moyens de mettre en valeur**

**1. L'impératif**

« Skiez dans les Alpes ! »

**2. L'infinitif**

« Nager... Bronzer ... Manger ...
Se reposer ... au Club Sans Frontières. »

**3. L'opposition**

« C'est beau mais c'est cher. »

**4. Les comparatifs et les superlatifs**

« La plus grande des plus petites. »

---

**5** À partir des notes suivantes, rédigez des phrases qui mettent en valeur les avantages de la grande encyclopédie en CDI (Disque compact interactif).

**La Grande Encyclopédie en CDI**

• 45 000 pages de textes, des extraits de films, des extraits de morceaux de musique, les voix des personnalités célèbres, etc.

• Prix du CDI : 6 000 F (même prix que l'encyclopédie en 12 volumes).

• Pour s'informer on peut lire, regarder, écouter.

• Le CDI propose des compléments d'information.

• Grande facilité de recherche.

---

■ **ÉTAPE 2 DU PROJET**

• **Imaginez des slogans publicitaires pour votre produit.**
Variez les constructions des phrases. Choisissez en groupe le meilleur slogan.

• **Réalisez votre affiche publicitaire.**

---

## Entraînez-vous

**1. Confirmez comme dans l'exemple.**

• Cédric étudie à Crémode ?
– Oui, c'est bien Cédric qui étudie à Crémode.

**2. Répondez en choisissant la deuxième possibilité.**

• Vous cherchez un appartement ou une maison ?
– C'est une maison que je cherche.

**3. Confirmez comme dans l'exemple.**

• Vous passez vos vacances dans cette région ?
– Oui, c'est la région où je passe mes vacances.

**4. Conseillez comme dans l'exemple.**

• Patrick Bruel chante à l'Olympia. Allez l'écouter !
– Allez écouter Patrick Bruel qui chante à l'Olympia.

# *Convaincre - argumenter*

## Les moyens de convaincre

**• Caractériser positivement**
C'est un produit extraordinaire, formidable.
C'est le plus... le moins...

**• Promettre** ㉜
Je vous promets (que...)
Je vous assure (que...)

**• Rassurer**
Je vous rassure.
Ne vous inquiétez pas.
Ne vous en faites pas.

**• Insister**
Je vous assure...
Je vous jure que...
Mais si, c'est le meilleur.

**• Conseiller**
Je vous conseille (de...)
Je vous recommande (de...)
N'hésitez pas à...

Je vous conseille de la prendre. Je vous promets qu'elle sera encore à la mode dans dix ans. Ne vous inquiétez pas ! On va faire une petite retouche.

**1** **Choisissez l'une des scènes suivantes. Imaginez le dialogue. Rédigez-le ou jouez-le.**

**• Il essaie de la convaincre.**
**a)** Il voudrait aller passer un week-end dans un super-palace sur la Côte d'Azur.
**b)** Il voudrait acheter un nouveau micro-ordinateur.

**• Elle essaie de le convaincre.**
**c)** Elle voudrait acheter un superbe bijou.
**d)** Elle voudrait équiper leur maison d'un système domotique. (La domotique est l'automatisation et la commande à distance de tout ce qu'on fait dans une maison : chauffage, électricité, surveillance.)

> C'est trop cher...
> On n'en a pas besoin...
> Je préfère acheter...

> Mais non, je vais avoir une augmentation.
> Je t'assure.
> Mais si, ce sera utile !
> Je te promets que...

**2** **Imaginez six arguments pour mettre en valeur ce jeu et cette montre.**

Un voyage culturel et linguistique à travers l'Europe autour d'un plateau de jeu. Le Lingofoly's permet de s'initier à l'anglais, à l'allemand, à l'italien et à l'espagnol... tout en s'amusant. 5 000 expressions à découvrir, avec arrêt sur les sites et les traditions de chaque pays. 350 F, Okla international.

*L'Express*, 07/01/1993, p. 23.

LINGO

Ça ressemble à une montre, mais c'est plus qu'une montre : les dernières Swatch intègrent... un « alphapage ». Il suffit que vos amis composent votre numéro d'abonné et votre montre sonne, indiquant sur un petit écran à cristaux liquides l'identité de l'« appelant ». Plus moyen d'être tranquille. Remarque importante : en plus, la Swatch Pager Numeric (1 000 F) donne l'heure.

*L'Express,*
*06/01/1994, p. 16.*

En Allemagne, on insiste avec humour sur la nouveauté du produit.

Publicités pour les biscuits LU,
*Ça m'intéresse,* n° 133, mars 1992, p. 46.

Pour vendre des produits féminins de beauté : en France, on parle santé. En Allemagne, on parle hygiène. En Angleterre, maquillage. Et en Italie, séduction.

**4** Quelle est la phrase qui peut convaincre les personnes suivantes d'acheter un très beau bijou ?
• **une économe**
• **une modeste**
• **une orgueilleuse**
• **un romantique**
• **un réaliste**

**a)** La princesse de Monaco a acheté le même.
**b)** C'est un bon placement d'argent.
**c)** Il est très simple.
**d)** Il est garanti 10 ans.
**e)** C'est le plus beau cadeau qu'on puisse faire à une femme.

**3** Apprenez à adapter vos arguments de vente à votre public. Comparez ces publicités.

Quand les biscuits LU font leur publicité en France, ils montrent le monde imaginaire des jeux vidéo.

En Espagne, c'est un moment de liberté après l'école, le plaisir de manger et la camaraderie.

> ◼ **ÉTAPE 3 DU PROJET**
>
> • Trouvez quelques bons arguments pour que les Français achètent votre produit.
> • Rédigez votre texte publicitaire.

## Prononciation

Imitez ces onomatopées et ces interjections. Comparez-les avec celles de votre langue maternelle.

**FRIC-FRAC (cambriolage)**
**la clé :** Cric Crac.
**le voleur n° 1 :** Chut ! Chut !
**le voleur n° 2 *(devant le coffre)* :** Oh ! Oh !
**le voleur n° 1 :** Tiens ! Tiens ! Ah !
**le chien dans la maison :** Ouah ! Ouah !
**le propriétaire :** Hein ?

**le voleur n° 1 *(attaqué par le chien)* :** Ouille ! Ouille !
**le voleur n° 2 *(attaqué par le propriétaire)* :** Aïe ! Aïe !
**la porte :** Vlan !
**la voiture des voleurs :** Teuf, teuf, teuf, teuf.
**le propriétaire :** Ha ! Ha ! Ha ! Ha !
**le chien :** Ouah ! Ouah !
**le voleur n° 1 :** Zut !
**le voleur n° 2 :** Bof !

# SCÉNARIO

## La Discrète

### Film de Christian Vincent (1990)

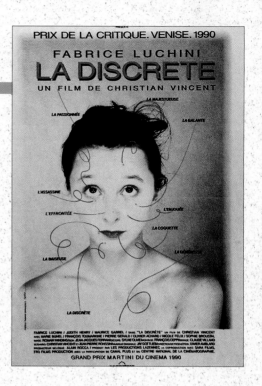

Antoine est un jeune écrivain débutant qui a très envie d'être édité. Son amie vient de le quitter. Il a donc aussi très envie de se venger.

Un ami libraire lui propose de faire les deux choses en même temps. Pour se venger, il doit rencontrer une femme, la séduire et la quitter. En même temps, il doit écrire le récit de son aventure.

Antoine fait la connaissance de Catherine, une étudiante qui gagne sa vie en faisant des travaux de dactylographie. Antoine est un « beau parleur » et la jeune fille s'intéresse à lui. Ils vont au cinéma ensemble.

---

*La sortie d'un cinéma à Paris. Il fait nuit. C'est l'été. Les deux jeunes gens sortent du cinéma et marchent dans une rue triste.*

**Catherine :** Ça vous a plu ?

**Antoine :** Et vous ?

**Catherine :** C'est pas mal, non ?

**Antoine :** Je vous ramène ?

**Catherine :** Oui, mais tout à l'heure… vous n'avez pas envie de vous promener un peu ?

**Antoine :** C'est comme vous voulez.

**Catherine :** J'aimerais marcher un peu le long de la Seine.

**Antoine :** Sur les quais ? Mais ça va être plein de monde !

**Catherine :** Vous ne voulez pas ?

**Antoine :** Si, si… mais on prend la voiture alors !

*On voit les quais et les lumières des bateaux-mouches. Catherine descend les escaliers qui mènent aux quais. Antoine la suit, de loin. Catherine arrive sur le quai et regarde un bateau-mouche. Antoine la rejoint.*

**Catherine :** Vous n'avez pas envie de faire un tour en bateau ?

**Antoine :** En bateau-mouche ?

**Catherine :** Oui, vous n'avez pas envie ?

**Antoine :** Oh non, pas très…, l'embarcadère est très loin, Catherine, et puis il ne fait pas beau.

**Catherine :** Il y en a un au Pont-Neuf, c'est pas très loin.

**Antoine :** Oui, mais j'ai pas du tout envie… Vous avez des goûts bizarres, Catherine ! L'autre jour, vous vouliez m'attirer à la piscine… Ce soir, vous voulez me faire monter en bateau-mouche… Finalement, vous êtes très provinciale, finalement…

*Antoine sourit, ironique. Catherine est fâchée. Elle remonte les escaliers et se retourne vers Antoine.*

*Catherine remonte l'escalier sans répondre. Antoine la suit. Il essaie de lui prendre le bras mais elle se dégage avec mauvaise humeur.*

**Catherine :** Alors je me demande vraiment ce que je fais avec vous... Vous n'aimez rien !

**Antoine :** Comment ça, je n'aime rien... C'est pas vrai du tout. Bon alors, vous voulez qu'on reste là toute la soirée ?

**Catherine :** Non.

**Antoine :** Je vais vous amener dans un endroit... très spécial où on peut boire quelque chose. Ça vous plaît ?

**Antoine :** Vous teniez vraiment à cette balade en bateau-mouche ?

**Catherine :** Oh, fichez-moi la paix !

Extrait du dialogue de *La Discrète*,
écrit par Jean-Pierre Ronssin et Christian Vincent,
© éd. Gallimard.

---

**1** Lisez l'extrait du film *La Discrète*.

• Relevez les différences de goûts entre les deux personnages.

• Trouvez, dans la liste suivante, des adjectifs qui caractérisent Catherine et Antoine.

compliqué(e) – enthousiaste – insupportable – intellectuel(le) – ironique – méchant(e) – naïf (naïve) – simple – spontané(e)

• Selon vous :
– est-ce que Catherine aime Antoine ?
– est-ce qu'Antoine aime Catherine ?
– où Antoine amène-t-il Catherine ?
– comment se termine l'histoire ?

**2** Observez la construction cinématographique de la scène de *La Discrète* et du film publicitaire *(p. 163)* (travail de groupe).

Relevez les informations apportées

| • par les images | } sur l'histoire |
| • par le dialogue | } sur le caractère des personnages |

■ **ÉTAPE 4 DU PROJET**

• Imaginez un petit film publicitaire de 30 secondes pour le produit que vous avez choisi.

• Présentez votre projet comme sur la *page 163*.

# Bilan 6

## 1 La comparaison

**a)** Comparez :

• la taille d'Anne avec la taille de Boris,
• la taille de Céline avec la taille de Damien,
• le poids d'Anne avec le poids de Boris,
• le poids de Céline avec le poids de Damien,
• le poids de Boris avec le poids de Céline.

| Anne | 1,42 m | 30 kg |
|------|--------|-------|
| Boris | 1,45 m | 30 kg |
| Céline | 1,62 m | 50 kg |
| Damien | 1,62 m | 47 kg |

**b)** Comparez la consommation de poisson :

• en Grande-Bretagne et au Japon,
• en Norvège et en Islande,
• en France et en Grande-Bretagne.

| Consommation annuelle par pays | | | |
|---|---|---|---|
| poisson (en kilos par habitant) | | lait (en litres par habitant) | |
| Grande-Bretagne | 127 | Irlande | 188 |
| Norvège | 50 | Danemark | 118 |
| Islande | 50 | France | 77 |
| Japon | 36 | Italie | 77 |
| France | 9 | Japon | 41 |

**c)** Par rapport à l'ensemble des cinq pays, caractérisez la consommation de lait :

• de l'Irlande,
• du Japon.

## 2 Le subjonctif

**Mettez les verbes entre parenthèses à la forme qui convient.**

Stéphanie n'est pas contente. Son mari est trop souvent absent pour des raisons professionnelles.

**Stéphanie :** Est-ce qu'il est vraiment nécessaire que tu *(aller)* à ce week-end avec tes collègues ?

**Olivier :** Ce n'est pas obligatoire. Mais, tu sais, si tu veux que j'*(avoir)* ce poste de chef de service, il faut que je *(se faire remarquer)*, il faut que je *(être)* le meilleur. Je ne *(être)* pas fonctionnaire comme toi. Chez nous, ce ne sont pas les plus anciens qui ont les postes de responsabilité…

## 3 L'expression des sentiments

**Nathalie écrit à son amie Cathy. Voici ce qu'elle veut dire dans sa lettre et les sentiments qu'elle veut exprimer. Rédigez la lettre.**

• Tu ne viendras pas à ma soirée d'anniversaire. *(regret)*
• On se verra bientôt. *(espoir)*
• Tu pourras venir le 26 mai ? *(souhait)*
• On fête la promotion de Gérard.
• Tu seras libre ce jour-là. *(nécessité)*
• Après, ce sera difficile de se voir *(incertitude)*. J'aurai beaucoup de travail.

« Chère Cathy,
Je regrette que … »

## 4 Les propositions relatives

**Reliez les deux phrases en utilisant *qui, que, où*.**

*Exemple :* Cédric a une voiture de sport. Elle va très vite. → Cédric a une voiture de sport **qui** va très vite.

• Sylvie a des amis étrangers. Ils sont très sympathiques.
• Sylviane a une nouvelle robe. Je ne l'aime pas.
• La Côte-d'Ivoire est un pays francophone. Il est situé en Afrique.
• L'Italie est un beau pays. J'y suis souvent allé.
• Mme Durand est un bon professeur. Je l'aime bien et elle m'a souvent encouragé(e).

## 5 Expliquer

**Donnez une explication comme dans l'exemple.**

*Exemple :* Le Point-Accueil : appareil qui permet aux clients des hypermarchés de s'informer.

• L'ANPE ?
• Une carte à puce ?
• Un TGV ?
• Les Alpes ?
• Une vidéo-conférence ?

## 6 La morale

À quelle idée morale correspond chacune de ces définitions ?

*Exemple :* Donner facilement ce que l'on possède → **la générosité.**

• Aider les autres →

• Pouvoir faire et dire ce que l'on veut →

• Ne pas tromper les autres →

• Avoir les même droits et les mêmes chances dans la vie →

• Ne pas dire ce que l'on pense →

## 7 La presse

**Reliez les titres et les sous-titres.**

Nouveau succès pour Ariane

Coupe de France

Grève des enseignants

Progression du chômage

Grave accident sur la RN 7

Festival de Cannes

• 175 000 emplois en moins entre mars et mai.

• La Palme d'or à l'Amérique.

• Lancement du premier satellite canadien.

• Manifestation à Paris et en province.

• Victoire du PSG.

• 3 morts, 7 blessés.

**Dans quelle rubrique du journal peut-on trouver ces titres ?**

## 8 Argumenter

**Trouvez six arguments pour faire la publicité de cet objet-cadeau.**

### Idée de cadeau

*La plaque de rue personnalisée chez CADEAU-BOUTIQUE.*
*300 F*

## 9 Convaincre

**Choisissez l'une des deux scènes suivantes. Imaginez et rédigez un petit dialogue.**

**a)** Éric Blanc essaie de convaincre sa femme d'acheter une nouvelle voiture.

**b)** Romain essaie de convaincre Cédric de lui prêter de l'argent pour qu'il puisse créer son entreprise.

## 10 TEST CULTUREL

**Pouvez-vous citer le nom :**

**1.** du président actuel de la République française ?
**2.** d'un pays francophone d'Afrique ?
**3.** d'une île française de la mer des Caraïbes ?
**4.** d'un grand quotidien national ?
**5.** d'un magazine d'informations générales ?
**6.** d'une marque française de parfums ?
**7.** d'une marque française de vêtements ?
**8.** du plus haut sommet de France ?
**9.** du Premier ministre du gouvernement français actuel ?

# La France administrative

100 km

# La France physique

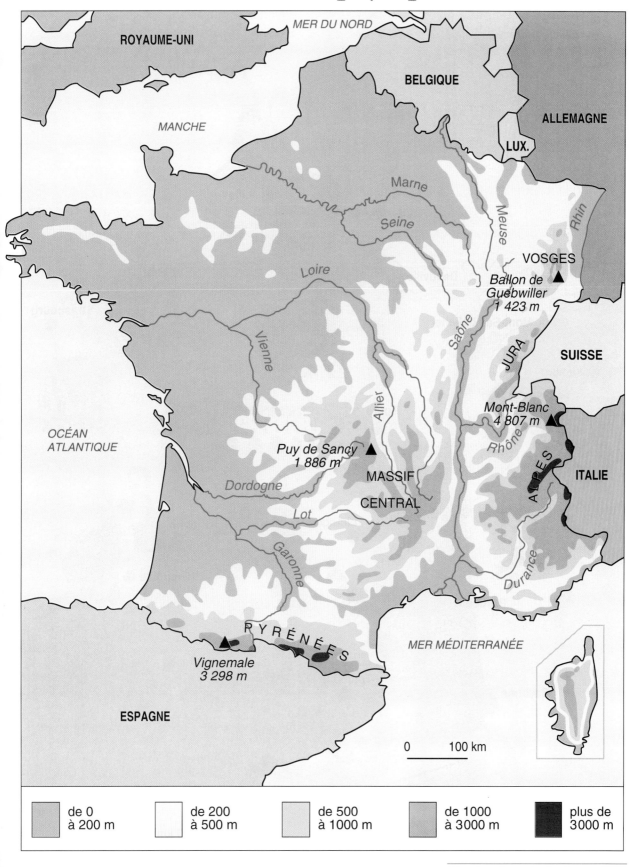

ROYAUME-UNI

MER DU NORD

BELGIQUE

ALLEMAGNE

MANCHE

LUX.

Marne

Seine

Meuse

Rhin

VOSGES

Loire

*Ballon de Guebwiller 1 423 m* ▲

Saône

JURA

SUISSE

Vienne

OCÉAN ATLANTIQUE

Allier

*Mont-Blanc 4 807 m* ▲

*Rhône*

ALPES

ITALIE

*Puy de Sancy 1 886 m* ▲

Dordogne

MASSIF

CENTRAL

Lot

Garonne

Durance

P Y R É N É E S

MER MÉDITERRANÉE

*Vignemale 3 298 m* ▲

0       100 km

ESPAGNE

| de 0 à 200 m | de 200 à 500 m | de 500 à 1000 m | de 1000 à 3000 m | plus de 3000 m |

# La France touristique

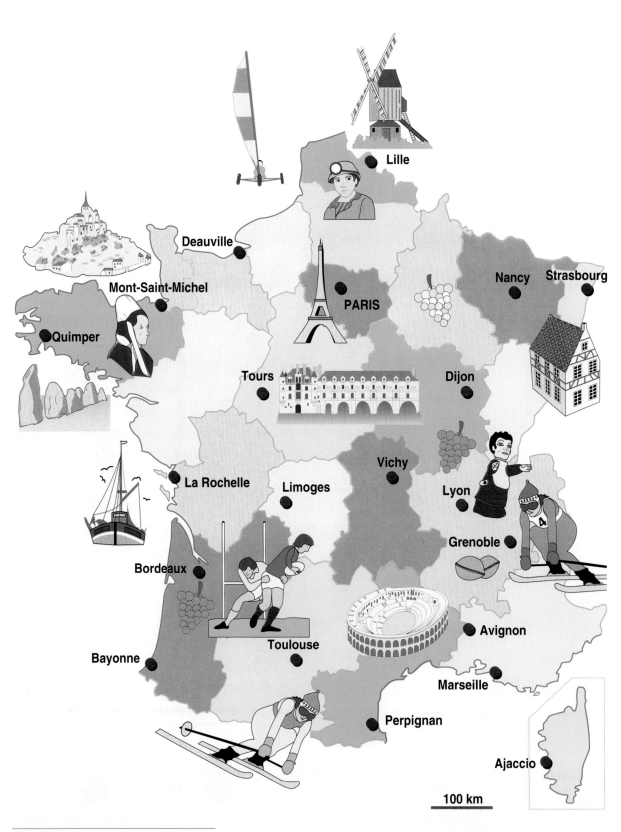

Lille

Deauville

Mont-Saint-Michel

Quimper

PARIS

Nancy    Strasbourg

Tours

Dijon

La Rochelle    Limoges

Vichy

Lyon

Bordeaux

Grenoble

Toulouse

Avignon

Bayonne

Marseille

Perpignan

Ajaccio

100 km

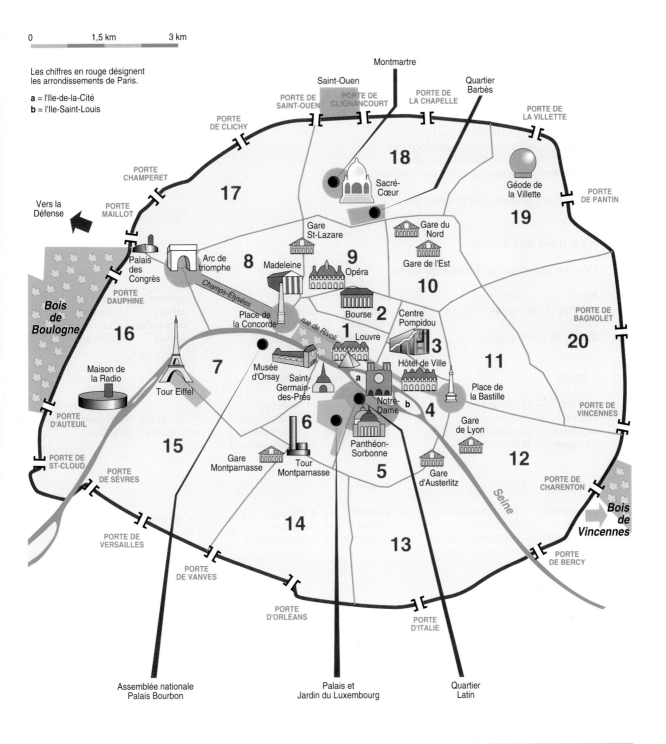

# Paris

0    1,5 km    3 km

Les chiffres en rouge désignent
les arrondissements de Paris.

**a** = l'Ile-de-la-Cité
**b** = l'Ile-Saint-Louis

Montmartre

Saint-Ouen

Quartier
Barbès

PORTE DE
SAINT-OUEN

PORTE DE
CLIGNANCOURT

PORTE DE
LA CHAPELLE

PORTE DE
LA VILLETTE

PORTE
DE CLICHY

PORTE
CHAMPERET

**18**

Sacré-
Cœur

Géode de
la Villette

PORTE
DE PANTIN

Vers la
Défense

PORTE
MAILLOT

**17**

**19**

Palais
des
Congrès

Arc de
triomphe

Gare
St-Lazare

Gare du
Nord

Champs-Élysées

**8**

Madeleine

**9**

Opéra

Gare de l'Est

PORTE
DAUPHINE

**Bois
de
Boulogne**

**16**

Place de
la Concorde

rue de Rivoli

Bourse

**2**

Centre
Pompidou

**10**

PORTE DE
BAGNOLET

**1**

Louvre

**3**

Hôtel de Ville

**20**

Maison de
la Radio

Tour Eiffel

**7**

Musée
d'Orsay

Saint-
Germain-
des-Prés

**a**

Notre-
Dame

**b**

**11**

Place de
la Bastille

PORTE DE
VINCENNES

PORTE
D'AUTEUIL

**4**

Gare
de Lyon

PORTE DE
ST-CLOUD

PORTE
DE SÈVRES

**15**

Gare
Montparnasse

**6**

Tour
Montparnasse

Panthéon-
Sorbonne

**5**

Gare
d'Austerlitz

**12**

PORTE DE
CHARENTON

Seine

**Bois
de
Vincennes**

PORTE DE
VERSAILLES

**14**

**13**

PORTE
DE BERCY

PORTE
DE VANVES

PORTE
D'ORLÉANS

PORTE
D'ITALIE

Assemblée nationale
Palais Bourbon

Palais et
Jardin du Luxembourg

Quartier
Latin

# LA FORMATION DES MOTS

☞ Les modes de formation des mots décrits ci-dessous ne sont pas des règles mais de simples regroupements.

## ■ Formation des noms à partir des verbes

### 1. La personne qui fait une action (professions, etc.)

**• -eur / -euse**

vendre → un vendeur / une vendeuse
acheter → un acheteur / une acheteuse
danser → un danseur / une danseuse
connaître → un connaisseur / une connaisseuse

**• -teur / -trice**

admirer → un admirateur / une admiratrice
conduire → un conducteur / une conductrice
observer → un observateur / une observatrice
lire → un lecteur / une lectrice

**• -ant / -ante**

habiter → un habitant / une habitante
diriger → un dirigeant / une dirigeante
étudier → un étudiant / une étudiante
commercer → un commerçant / une commerçante

☞ Ces noms peuvent aussi être adjectifs.

### 2. Le nom de l'action

**• Forme identique ou proche du verbe**

dîner → un dîner
marcher → la marche
sortir → la sortie
aider → une aide

offrir → une offre
entrer → une entrée
réveiller → le réveil
se reposer → le repos

appeler → un appel
arrêter → un arrêt
demander → une demande
arriver → une arrivée

**• -ation**

préparer → la préparation
utiliser → l'utilisation
organiser → l'organisation
fabriquer → la fabrication

**• -sion, -ssion ou -ition**

décider → la décision
permettre → la permission
démissionner → la démission
définir → la définition

} les suffixes **-ation, -tion, -sion** donnent des mots féminins

**• -ement**

commencer → le commencement
ranger → le rangement
renseigner → le renseignement
changer → le changement

**• -age**

se marier → le mariage
hériter → l'héritage
dépanner → le dépannage

} les suffixes **-ement** et **-age** donnent des mots masculins

## ■ Formation des adverbes à partir des adjectifs

**• Adjectif au féminin + -ment**

rapide → rapidement
lente → lentement
claire → clairement
sûre → sûrement
certaine → certainement

heureuse → heureusement
chère → chèrement
sportive → sportivement
joyeuse → joyeusement
pareille → pareillement

☞ La marque « e » du féminin de l'adjectif peut disparaître dans certains cas :
**vraiment - joliment**

## ■ Préfixes indiquant le contraire

**• dé- - dés-**

faire / **défaire**
habiller / **déshabiller**
coller / **décoller**
agréable / **désagréable**
accord / **désaccord**

**• i + consonne**

possible / **impossible**
utile / **inutile**
précis / **imprécis**
capable / **incapable**
poli / **impoli**

☞ **dé-** au début d'un verbe
n'est pas toujours un préfixe négatif.
**développer - détester**

## ■ Le préfixe re-

Il peut indiquer :

**• la répétition**

faire → **refaire**
partir → **repartir**
boire → **reboire**
dire → **redire**
écrire → **réécrire**

**• le retour au point de départ**

revenir → **ramener**
retourner → **rapporter**

**• une autre idée**

rechercher = sens proche de « chercher »
regarder = pas de point commun avec « garder »

# BILAN GRAMMATICAL

On trouvera ci-dessous la liste des points de grammaire abordés dans l'ouvrage ainsi que quelques compléments.
Pour une explication plus détaillée de chaque point, reportez-vous aux pages des leçons.

## ■ Les déterminants du nom

| | Masc. sing. | Fém. sing. | Pluriel | Pages |
|---|---|---|---|---|
| articles indéfinis | un | une | des | 16 |
| articles définis | le (l') | la (l') | les | 16 |
| préposition **à** + articles définis | au (à l') | à la (à l') | aux | 24 |
| préposition **de** + articles définis | du (de l') | de la (de l') | des | 16 |
| articles partitifs | du (de l') | de la (de l') | | 72 |
| adjectifs démonstratifs | ce (cet) | cette | ces | 44 |
| adjectifs interrogatifs | quel | quelle | quels - quelles | 26 |
| adjectifs possessifs | mon - ton - son | ma - ta - sa | mes - tes - ses | 44 |
| | notre - votre - leur | | nos - vos - leurs | |

## ■ L'accord des noms et des adjectifs

### 1. Pluriel des noms

un livre → des livres → **s**
un repas → des repas s → **s**
un chapeau → des chapeaux eau → **eaux**

un neveu → des neveux eu → **eux**
un cheval → des chevaux al → **aux**
un travail → des travaux ail → **aux**

## 2. Féminin et pluriel des adjectifs

La marque du féminin est « e ». La marque du pluriel est « s ». Il existe des cas particuliers selon la finale de l'adjectif.

| Finale de l'adjectif | Exemples | Finales de l'adjectif accordé | |
|---|---|---|---|
| **-on** | un bon livre - une bonne bière<br>de bons livres - de bonnes bières | -n<br>-s | -nne<br>-nnes |
| **-eau** | un beau livre (un bel homme) - une belle photo<br>de beaux livres (de beaux hommes) - de belles photos | -eau/-el<br>-eaux | -elle<br>-elles |
| **-er** | un livre cher - une maison chère<br>des livres chers - des maisons chères | -er<br>-ers | -ère<br>-ères |
| **-s** | un gros livre - une grosse affaire<br>de gros livres - de grosses affaires | -s<br>-s | -sse<br>-sses |
| **-s** | un manteau gris - une chemise grise<br>des manteaux gris - des chemises grises | -s<br>-s | -se<br>-ses |
| **-f** | un enfant naïf - une fille naïve<br>des enfants naïfs - des filles naïves | -f<br>-fs | -ve<br>-ves |
| **-g** | un long voyage - une longue route<br>de longs voyages - de longues routes | -g<br>-gs | -gue<br>-gues |
| **-x** | un homme heureux - une femme heureuse<br>des hommes heureux - des femmes heureuses | -x<br>-x | -se<br>-ses |
| **-eur** | un garçon rêveur - une fille rêveuse<br>des garçons rêveurs - des filles rêveuses | -eur<br>-eurs | -euse<br>-euses |
| **-teur** | **Dans certains cas, mêmes terminaisons que pour -eur**<br>un homme calculateur - une femme calculatrice<br>des hommes calculateurs - des femmes calculatrices | -teur<br>-teurs | -trice<br>-trices |

## ■ Les pronoms personnels

| | | je | tu | il elle | nous | vous | ils elles | Pages |
|---|---|---|---|---|---|---|---|---|
| | | | | | | | | 8 |
| **1.** Après toutes les prépositions (sauf **à** et **de**) | personnes | moi | toi | lui elle | nous | vous | eux elles | 25 |
| **2.** Nom introduit sans préposition | personnes et choses | me | te | le l' la | nous | vous | les | 100 |
| **3.** Nom introduit par **à** | a) personnes | me | te | lui | nous | vous | leur | 108 |
| | b) choses et lieux | | | y | | | y | 128 |
| **4.** Nom introduit par **de** ou précédé d'un indéfini ou partitif | choses et lieux | | | en | | | en | 128 |

## ■ L'expression du temps

### 1. Les temps des verbes

| Temps | Notions exprimées | Exemples | Pages |
|---|---|---|---|
| **Présent** | présent - futur proche | Je travaille<br>Je pars tout de suite | 8 |
| **Présent progressif** | action en train de se faire | Je suis en train de travailler | 92 |
| **Passé récent** | passé récent | Je viens de commencer | 92 |
| **Passé composé** | passé - état achevé de l'action | Je suis parti le 25 octobre | 36 - 64 |
| **Imparfait** | passé - état inachevé de l'action<br>action habituelle ou répétée | Il dormait quand je suis entré<br>Il dormait tous les jours, l'après-midi | 64 |
| **Futur proche** | futur proche | Je vais venir | 92 |
| **Futur** | futur | Je finirai demain | 120 |
| **Subjonctif présent** | subjectivité de l'information<br>(après certains verbes exprimant<br>la volonté, un sentiment, etc.) | Il faut que je sois à l'heure<br>Je voudrais que nous partions | 156 |

### 2. Les indicateurs de temps

| Notions exprimées | Adverbes et prépositions | Pages |
|---|---|---|
| Situation dans le temps en relation avec le moment présent | **maintenant - tout de suite - tout à l'heure**<br>**avant-hier - hier - aujourd'hui - demain - après-demain**<br>**ce matin - cet (cette) après-midi - ce soir - cette nuit**<br>**la semaine dernière - le mois prochain.** | 38<br>80 |
| Situation dans le temps sans relation avec le moment présent | **à** 8 h - **le** 3 septembre - **en** septembre - **en** 1996 -<br>lundi - lundi 18 novembre. | 38 |
| Situation relative | **avant / après - tôt / tard**<br>**en retard - à l'heure - en avance.** | 38 |
| Expression de la durée | • **depuis** le 8 octobre - **jusqu'au** 3 novembre<br>• **pendant** 3 jours - **depuis** 3 jours - **dans** 3 jours<br>• **longtemps.** | 68<br>80 |
| État du déroulement de l'action | • Elle **commence à...** / **continue à...** / **finit de...**<br>   **s'arrête de...**<br>• Elle travaille **encore (toujours)** - Elle **ne** travaille **plus.** | 92 |
| Fréquence de l'action | **une fois, deux fois,** *etc.* - **quelquefois - souvent -**<br>**toujours - tous (toutes) les... - ne ... jamais.** | 80 |
| Mots de liaison | **d'abord - ensuite - puis - alors**<br>**enfin - à la fin** | 80 |
| Interrogation sur le temps | • **quand ? à quelle heure ? à quel moment ?**<br>   **quel jour ? quel mois ?**<br>• **depuis...** } **quand ? quelle heure ?**<br>   **jusqu'à...** } **quel moment ?**<br>• **pendant...** } **combien de temps ?**<br>   **depuis...** } **combien de jours ?**<br>   **dans...** } | 38<br><br>80 |

## ■ La négation

| | |
|---|---|
| La négation porte sur le verbe ou sur un nom introduit par un article défini (ou un article défini contracté) | Elle **ne** travaille **pas**.<br>Elle **ne** va **pas** au bureau.<br>Elle **n'**aime **pas** le thé. |
| La négation porte sur un nom introduit par un article indéfini, partitif ou un mot de quantité | Elle **n'**a **pas** de voiture.<br>Elle **ne** boit **pas** de thé.<br>Il **n'**a **pas beaucoup** de temps. |
| Négation de la construction : verbe + verbe | Elle **ne** veut **pas** travailler. |
| Négation du passé composé | Je **ne** suis **pas** allé(e) au cinéma. |
| Négation de l'impératif | **Ne** pars **pas** ! **Ne** va **pas** voir cette pièce ! |

## ■ La caractérisation

### 1. Moyen de caractériser

- **L'adjectif qualificatif**  → un beau livre - Ce livre est beau. (p. 18)
- **La construction avec préposition**  → un employé de banque - une robe en laine.
- **La proposition relative**  → C'est Pierre qui a téléphoné. (p. 164)

### 2. Expressions particulières

- **La resssemblance et la différence**  → Ces deux appartements sont différents. (p. 84)
- **La comparaison**  → Pierre est plus grand que Paul. (p. 148)

## ■ L'expression de la quantité

### 1. Les nombres

| | | | |
|---|---|---|---|
| 0 zéro | 20 VINGT | 70 SOIXANTE-DIX | 90 QUATRE-VINGT-DIX |
| 1 un | 21 vingt et un | 71 soixante et onze | 91 quatre-vingt-onze |
| 2 deux | 22 vingt-deux | 72 soixante-douze | 92 quatre-vingt-douze |
| 3 trois | 23 vingt-trois | 73 soixante-treize | 93 quatre-vingt-treize |
| 4 quatre | 24 vingt-quatre | 74 soixante-quatorze | 94 quatre-vingt-quatorze |
| 5 cinq | 25 vingt-cinq | 75 soixante-quinze | 95 quatre-vingt-quinze |
| 6 six | 26 vingt-six | 76 soixante-seize | 96 quatre-vingt-seize |
| 7 sept | 27 vingt-sept | 77 soixante-dix-sept | 97 quatre-vingt-dix-sept |
| 8 huit | 28 vingt-huit | 78 soixante-dix-huit | 98 quatre-vingt-dix-huit |
| 9 neuf | 29 vingt-neuf | 79 soixante-dix-neuf | 99 quatre-vingt-dix-neuf |
| | | | |
| 10 DIX | 30 TRENTE | 80 QUATRE-VINGTS | 100 CENT |
| 11 onze | 31 trente et un | 81 quatre-vingt-un | 101 cent un |
| 12 douze | 32 trente-deux | 82 quatre-vingt-deux | 200 deux cents |
| 13 treize | 33 trente-trois .... | 83 quatre-vingt-trois | 201 deux cent un |
| 14 quatorze | | 84 quatre-vingt-quatre | 1 000 mille |
| 15 quinze | 40 QUARANTE... | 85 quatre-vingt-cinq | 10 000 dix mille |
| 16 seize | 50 CINQUANTE... | 86 quatre-vingt-six | 100 000 cent mille |
| 17 dix-sept | 60 SOIXANTE... | 87 quatre-vingt-sept | 1 000 000 un million |
| 18 dix-huit | | 88 quatre-vingt-huit | |
| 19 dix-neuf | | 89 quatre-vingt-neuf | |

## 2. Les mots de quantité

| | On peut compter (livre - maison) | On ne peut pas compter (sable - eau) | Pages |
|---|---|---|---|
| Déterminants | un, une, deux, trois, des | du - de la - de l' | 16 - 72 |
| Quantité faible | quelques | un peu (de) - peu de | 72 |
| Quantité importante | beaucoup (de) | | 72 |
| Appréciation | assez (de) - ne ... pas assez (de) - trop (de) | | 129 |
| Comparaison | plus (de) - autant (de) - moins (de) | | 148 |

## 3. L'importance des actions

| | | | Pages |
|---|---|---|---|
| Idée générale de quantité | un peu - peu - beaucoup - ne ... pas du tout | Elle a un peu travaillé. | 72 |
| Appréciation | assez - ne ... pas assez - trop | Elle n'a pas assez travaillé. | 129 |
| Comparaison | plus (que) - autant (que) - moins (que) | Elle a moins travaillé que Marie. | 148 |

## ■ L'expression des relations dans l'espace

• Préposition et adverbes de lieu. (p. 46)
• Verbes de mouvement et de déplacement. (pp. 47 et 55)

## ■ Relations logiques

| | | |
|---|---|---|
| Additions et liaisons | et - aussi - ensuite | 7 - 80 |
| Choix | ou | 42 |
| Opposition | mais - en revanche | 55 |
| Cause/Conséquence | pourquoi... ? parce que<br>pour quelle raison... ? à cause de | 55 |
| But | pour quoi ? pour<br>pour quoi faire ? pour que | 55 |
| Supposition | supposons...   si + présent | 98 |

## PRINCIPES GÉNÉRAUX DE CONJUGAISON

### ■ Présent

**Verbes en -er**

| regarder |
|---|
| je regard**e** |
| tu regard**es** |
| il/elle/on regard**e** |
| nous regard**ons** |
| vous regard**ez** |
| ils/elles regard**ent** |

**Autres verbes**

| finir |
|---|
| je fini**s** |
| tu fini**s** |
| il/elle/on fini**t** |
| nous finiss**ons** |
| vous finiss**ez** |
| ils/elles finiss**ent** |

• Tous les verbes en **-er** (sauf *aller*) se conjugent comme **regarder**.

• Les autres verbes ont en général les terminaisons en **-s** ; **-s** ; **-t** ; **-ons** ; **-ez** ; **-ent** du verbe **finir**.
Mais il y a des cas particuliers :
**vouloir** → je veux
**aller** → il va

### ■ Passé composé

| finir |
|---|
| j'ai fini |
| tu as fini |
| il/elle/on a fini |
| nous avons fini |
| vous avez fini |
| ils/elles ont fini |

| aller |
|---|
| je suis allé(e) |
| tu es allé(e) |
| il/elle/on est allé(e) |
| nous sommes allé(e)s |
| vous êtes allé(e)s |
| ils/elles sont allé(e)s |

• Construction
**avoir** (au présent) + participe passé
ou
**être** (au présent) + participe passé

**Verbes conjugués avec *être* :**
aller - arriver - descendre - entrer - monter - mourir - naître - partir - passer *(sens de déplacement)* - rester - retourner - sortir - tomber - venir.

---

### Liste des participes passés

• **Verbes en -er** → participe passé en **-é** (regarder → regard**é**)

• **Verbes irréguliers :**

| | | | | | |
|---|---|---|---|---|---|
| **apprendre** | → appris | **élire** | → élu | **recevoir** | → reçu |
| **s'asseoir** | → assis | **endormir** | → endormi | **reconnaître** | → reconnu |
| **attendre** | → attendu | **entendre** | → entendu | **rendre** | → rendu |
| **avoir** | → eu | **être** | → été | **repartir** | → reparti |
| **battre** | → battu | **faire** | → fait | **répondre** | → répondu |
| **boire** | → bu | **falloir** | → fallu | **revoir** | → revu |
| **comprendre** | → compris | **interdire** | → interdit | **rire** | → ri |
| **conduire** | → conduit | **lire** | → lu | **sentir** | → senti |
| **connaître** | → connu | **mentir** | → menti | **servir** | → servi |
| **construire** | → construit | **mettre** | → mis | **sortir** | → sorti |
| **convaincre** | → convaincu | **mourir** | → mort | **sourire** | → souri |
| **courir** | → couru | **offrir** | → offert | **suffire** | → suffi |
| **craindre** | → craint | **ouvrir** | → ouvert | **suivre** | → suivi |
| **croire** | → cru | **paraître** | → paru | **surprendre** | → surpris |
| **cuire** | → cuit | **partir** | → parti | **tenir** | → tenu |
| **découvrir** | → découvert | **peindre** | → peint | **traduire** | → traduit |
| **descendre** | → descendu | **permettre** | → permis | **valoir** | → valu |
| **détruire** | → détruit | **plaire** | → plu | **vendre** | → vendu |
| **devenir** | → devenu | **pleuvoir** | → plu | **venir** | → venu |
| **dire** | → dit | **pouvoir** | → pu | **vivre** | → vécu |
| **disparaître** | → disparu | **prendre** | → pris | **voir** | → vu |
| **dormir** | → dormi | **produire** | → produit | **vouloir** | → voulu |
| **écrire** | → écrit | **promettre** | → promis | | |

## ■ Imparfait

| regarder |
|---|
| je regard**ais** |
| tu regard**ais** |
| il/elle/on regard**ait** |
| nous regard**ions** |
| vous regard**iez** |
| ils/elles regard**aient** |

| savoir |
|---|
| je sav**ais** |
| tu sav**ais** |
| il/elle/on sav**ait** |
| nous sav**ions** |
| vous sav**iez** |
| ils/elles sav**aient** |

• L'imparfait se forme en général à partir de la 1ʳᵉ personne du pluriel du présent :
avoir : nous avons → **j'avais**
vendre : nous vendons → **je vendais**

## ■ Futur

| regarder |
|---|
| je regarder**ai** |
| tu regarder**as** |
| il/elle/on regarder**a** |
| nous regarder**ons** |
| vous regarder**ez** |
| ils/elles regarder**ont** |

• **Futur des verbes en -er**
infinitif + terminaisons **-ai, -as, -a,** *etc.*
demander → **je demanderai, tu demanderas**

• **Autres verbes**
forme proche de l'infinitif } + terminaisons **-ai, -as, -a,** *etc.,*
ou forme différente
prendre → **je prendrai**      être → **je serai**

## ■ Subjonctif présent

| regarder |
|---|
| ... que je regard**e** |
| ... que tu regard**es** |
| ... qu'il/elle/on regard**e** |
| ... que nous regard**ions** |
| ... que vous regard**iez** |
| ... qu'ils/elles regard**ent** |

• Le subjonctif présent des verbes en **-er** se forme à partir de la 1ʳᵉ personne du présent de l'indicatif.

• Le subjonctif des autres verbes se forme souvent à partir de la 3ᵉ personne du pluriel du présent de l'indicatif.
prendre : ils prennent → ... **que je prenne**
peindre : ils peignent → ... **que je peigne**
Mais il y a des cas particuliers :
savoir → ... **que je sache**      être → ... **que je sois**

## ■ L'impératif

| regarder | aller | être |
|---|---|---|
| regarde ! | va ! | sois ! |
| regardons ! | allons ! | soyons ! |
| regardez ! | allez ! | soyez ! |

La conjugaison est proche du présent de l'indicatif ou (pour quelques verbes) du subjonctif.
• Verbes en **-er** : terminaison sans « **s** » à la personne singulier sauf quand l'impératif est suivi d'un pronom **en** ou **y**.
**Vas-y ! - Cherches-en !**
• Quand on utilise la forme du subjonctif, la terminaison des deux personnes du pluriel est **-ons** et **-ez**.

## ■ La conjugaison pronominale

| se regarder |
|---|
| je me regarde |
| tu te regardes |
| il/elle/on se regarde |
| nous nous regardons |
| vous vous regardez |
| ils/elles se regardent |

• La conjugaison pronominale utilise deux pronoms.

• Le passé composé se construit avec l'auxiliaire **être** :
regarder → **j'ai regardé**
se regarder → **je me suis regardé**

• La forme des autres temps est identique à celle de la conjugaison normale.

Les principes généraux présentés dans les pages précédentes et les tableaux suivants vous permettront de trouver la conjugaison des verbes introduits dans cette méthode.

**Mode de lecture des tableaux**

| infinitif | | |
|---|---|---|
| conjugaison du présent | 1re personne du futur | |
| | 1re personne du subjonctif présent | |
| | participe passé | |
| verbes ayant une conjugaison identique | | |

## ■ Verbes **avoir, être, aller**

| ① avoir | |
|---|---|
| j'ai<br>tu as | j'aurai |
| il a<br>nous avons | que j'aie |
| vous avez<br>ils ont | eu |

| ② être | |
|---|---|
| je suis<br>tu es | je serai |
| il est<br>nous sommes | que je sois |
| vous êtes<br>ils sont | été |

| ③ aller | |
|---|---|
| je vais<br>tu vas | j'irai |
| il va<br>nous allons | que j'aille |
| vous allez<br>ils vont | allé |

## ■ Verbes en -**er**

| ④ regarder | |
|---|---|
| je regarde<br>tu regardes | je regarderai |
| il regarde<br>nous regardons | que je regarde |
| vous regardez<br>ils regardent | regardé |
| tous les verbes en -**er** sauf les verbes en -**ger**, -**yer**, -**eler**, -**eter** | |

**Verbes du type « lever »**

| ⑤ lever | |
|---|---|
| je lève<br>tu lèves | je lèverai |
| il lève<br>nous levons | que je lève |
| vous levez<br>ils lèvent | levé |
| acheter - amener - emmener - peser | |

**Verbes en -ger**

| ⑥ manger | |
|---|---|
| je mange<br>tu manges | je mangerai |
| il mange<br>nous mangeons | que je mange |
| vous mangez<br>ils mangent | mangé |
| bouger - changer - juger - mélanger - partager - rédiger | |

**Verbes en -yer (sauf envoyer)**

| ⑦ payer | |
|---|---|
| je paie<br>tu paies | je paierai |
| il paie<br>nous payons | que je paie<br>que je paye |
| vous payez<br>ils paient | payé |
| essayer - employer | |

| ⑧ envoyer | |
|---|---|
| j'envoie<br>tu envoies | j'enverrai |
| il envoie<br>nous envoyons | que j'envoie |
| vous envoyez<br>ils envoient | envoyé |

## Verbes en -eler et -eter

| 9 | appeler |
|---|---|
| j'appelle<br>tu appelles<br>il appelle<br>nous appelons | j'appellerai |
| | que j'appelle |
| vous appelez<br>ils appellent | appelé |
| épeler - jeter - rappeler | |

## ■ Verbes en -ir

| 10 | finir |
|---|---|
| je finis<br>tu finis<br>il finit<br>nous finissons | je finirai |
| | que je finisse |
| vous finissez<br>ils finissent | fini |
| applaudir - avertir - choisir -<br>démolir - guérir - obéir - réfléchir -<br>remplir - répartir - réunir - réussir | |

| 11 | venir |
|---|---|
| je viens<br>tu viens<br>il vient<br>nous venons | je viendrai |
| | que je vienne |
| vous venez<br>ils viennent | venu |
| devenir - revenir - tenir | |

| 12 | partir |
|---|---|
| je pars<br>tu pars<br>il part<br>nous partons | je partirai |
| | que je parte |
| vous partez<br>ils partent | parti |
| dormir - mentir - repartir -<br>sentir - sortir | |

| 13 | ouvrir |
|---|---|
| j'ouvre<br>tu ouvres<br>il ouvre<br>nous ouvrons | j'ouvrirai |
| | que j'ouvre |
| vous ouvrez<br>ils ouvrent | ouvert |
| couvrir - découvrir - offrir | |

| 14 | dormir |
|---|---|
| je dors<br>tu dors<br>il dort<br>nous dormons | je dormirai |
| | que je dorme |
| vous dormez<br>ils dorment | dormi |
| s'endormir | |

| 15 | courir |
|---|---|
| je cours<br>tu cours<br>il court<br>nous courons | je courrai |
| | que je coure |
| vous courez<br>ils courent | couru |

| 16 | servir |
|---|---|
| je sers<br>tu sers<br>il sert<br>nous servons | je servirai |
| | que je serve |
| vous servez<br>ils servent | servi |

| 17 | mourir |
|---|---|
| je meurs<br>tu meurs<br>il meurt<br>nous mourons | je mourrai |
| | que je meure |
| vous mourez<br>ils meurent | mort |

## ■ Verbes en -dre

| 18 | vendre |
|---|---|
| je vends<br>tu vends<br>il vend<br>nous vendons | je vendrai |
| | que je vende |
| vous vendez<br>ils vendent | vendu |
| attendre - défendre - descendre -<br>entendre - perdre - rendre -<br>répondre | |

| 19 | prendre |
|---|---|
| je prends<br>tu prends<br>il prend<br>nous prenons | je prendrai |
| | que je prenne |
| vous prenez<br>ils prennent | pris |
| apprendre - comprendre -<br>surprendre | |

| 20 | peindre |
|---|---|
| je peins<br>tu peins<br>il peint<br>nous peignons | je peindrai |
| | que je peigne |
| vous peignez<br>ils peignent | peint |
| craindre - éteindre - plaindre | |

## ■ Verbes en -oir

| (21) | devoir | | |
|---|---|---|---|
| je dois<br>tu dois | je devrai | | |
| il doit<br>nous devons | que je doive | | |
| vous devez<br>ils doivent | dû | | |
| décevoir - recevoir | | | |

| (22) | pouvoir | | |
|---|---|---|---|
| je peux<br>tu peux | je pourrai | | |
| il peut<br>nous pouvons | que je puisse | | |
| vous pouvez<br>ils peuvent | pu | | |

| (23) | voir | | |
|---|---|---|---|
| je vois<br>tu vois | je verrai | | |
| il voit<br>nous voyons | que je voie | | |
| vous voyez<br>ils voient | vu | | |

| (24) | vouloir | | |
|---|---|---|---|
| je veux<br>tu veux | je voudrai | | |
| il veut<br>nous voulons | que je veuille | | |
| vous voulez<br>ils veulent | voulu | | |

| (25) | savoir | | |
|---|---|---|---|
| je sais<br>tu sais | je saurai | | |
| il sait<br>nous savons | que je sache | | |
| vous savez<br>ils savent | su | | |

| (26) | pleuvoir | | |
|---|---|---|---|
| il pleut | il pleuvra | | |
| | qu'il pleuve | | |
| | plu | | |

| (27) | valoir | | |
|---|---|---|---|
| je vaux<br>tu vaux | je vaudrai | | |
| il vaut<br>nous valons | que je vaille | | |
| vous valez<br>ils valent | valu | | |

| (28) | s'asseoir | | |
|---|---|---|---|
| je m'assieds<br>tu t'assieds | je m'assiérai | | |
| il s'assied<br>nous nous asseyons | que je m'asseye | | |
| vous vous asseyez<br>ils s'asseyent | assis | | |

## ■ Verbes en -oire

| (29) | croire | | |
|---|---|---|---|
| je crois<br>tu crois | je croirai | | |
| il croit<br>nous croyons | que je croie | | |
| vous croyez<br>ils croient | cru | | |

| (30) | boire | | |
|---|---|---|---|
| je bois<br>tu bois | je boirai | | |
| il boit<br>nous buvons | que je boive | | |
| vous buvez<br>ils boivent | bu | | |

## ■ Verbes en -tre

### (31) connaître

| je connais | je connaîtrai |
| tu connais | |
| il connaît | que je connaisse |
| nous connaissons | |
| vous connaissez | connu |
| ils connaissent | |

disparaître - naître - reconnaître

### (32) mettre

| je mets | je mettrai |
| tu mets | |
| il met | que je mette |
| nous mettons | |
| vous mettez | mis |
| ils mettent | |

permettre - promettre

## ■ Verbes en -ire

### (33) conduire

| je conduis | je conduirai |
| tu conduis | |
| il conduit | que je conduise |
| nous conduisons | |
| vous conduisez | conduit |
| ils conduisent | |

construire - cuire - détruire - produire - séduire - traduire

### (34) écrire

| j'écris | j'écrirai |
| tu écris | |
| il écrit | que j'écrive |
| nous écrivons | |
| vous écrivez | écrit |
| ils écrivent | |

décrire - s'inscrire

### (35) lire

| je lis | je lirai |
| tu lis | |
| il lit | que je lise |
| nous lisons | |
| vous lisez | lu |
| ils lisent | |

élire - relire

### (36) rire

| je ris | je rirai |
| tu ris | |
| il rit | que je rie |
| nous rions | |
| vous riez | ri |
| ils rient | |

sourire

### (37) dire

| je dis | je dirai |
| tu dis | |
| il dit | que je dise |
| nous disons | |
| vous dites | dit |
| ils disent | |

### (38) interdire

| j'interdis | j'interdirai |
| tu interdis | |
| il interdit | que j'interdise |
| nous interdisons | |
| vous interdisez | interdit |
| ils interdisent | |

## ■ Autres verbes en -re

### (39) plaire

| je plais | je plairai |
| tu plais | |
| il plaît | que je plaise |
| nous plaisons | |
| vous plaisez | plu |
| ils plaisent | |

se taire

### (40) faire

| je fais | je ferai |
| tu fais | |
| il fait | que je fasse |
| nous faisons | |
| vous faites | fait |
| ils font | |

défaire - refaire

### (41) vivre

| je vis | je vivrai |
| tu vis | |
| il vit | que je vive |
| nous vivons | |
| vous vivez | vécu |
| ils vivent | |

revivre - survivre

### (42) suivre

| je suis | je suivrai |
| tu suis | |
| il suit | que je suive |
| nous suivons | |
| vous suivez | suivi |
| ils suivent | |

| SITUATIONS ÉCRITES | CIVILISATION | PRONONCIATION |
|---|---|---|
| • remplir une fiche d'inscription | • modes et rites de salutation et de présentation<br>• personnalités célèbres | • alphabet<br>• sons [i] - [e] - [ɛ] |
| • rédaction de demandes et de souhaits | • acheter et payer<br>• comportement entre amis (acceptation - refus - partage) | • sons [i] - [y] - [u] |
| • lire/rédiger une brève lettre d'invitation, d'acceptation, de refus | • comportement dans les situations d'invitation<br>• spectacles de Paris<br>• scènes célèbres du cinéma | • sons [ʃ] - [ʒ]<br> [z] - [s] |

| SITUATIONS ÉCRITES | CIVILISATION | PRONONCIATION |
|---|---|---|
| • lire/rédiger un curriculum vitae<br>• rechercher des informations dans des documents touristiques | • l'ANPE<br>• vie quotidienne d'une jeune mère de famille<br>• Lille - Marseille - Toulouse | • sons [œ] - [ɛ] - [ɔ]<br>• son [y] |
| • lire un plan<br>• décrire une organisation spatiale | • la famille (données sociologiques - cinéma - publicité)<br>• l'impressionnisme | • sons [ɑ̃] - [ɔ̃] |
| • rédiger une carte de vœux | • calendrier et spécificité des fêtes et des célébrations | • son [ə] (« e » muet) |

| SITUATIONS ÉCRITES | CIVILISATION | PRONONCIATION |
|---|---|---|
| • faire le récit d'une journée de voyage | • idées et objets mythiques dans les décennies 70, 80, 90<br>• F. Arthaud, J.-Y. Cousteau, A. David-Neel. | • sons [p] - [b] - [v] |
| • rédiger une carte postale de vacances | • les Français et la nourriture<br>• paysages de France | • sons [ʀ] - [l] |
| • faire un récit de voyage (itinéraire, incidents, commentaires) | • information sur les prix, les salaires, les habitudes des Français | • sons [ɛ̃] - [œ̃] |

| SITUATIONS ÉCRITES | CIVILISATION | PRONONCIATION |
|---|---|---|
| • rédigez une lettre de demande d'information | • le téléphone et le Minitel<br>• les lieux d'information | • sons [t] - [d] |
| • rédiger un règlement<br>• donner des instructions | • police - pompiers - SAMU, *etc.*<br>• les Français et la santé | • sons [k] - [g] |
| • rechercher des informations dans les textes à caractère scientifique | • le projet technologique Eurêka<br>• le Futuroscope de Poitiers | • son [j] |

| SITUATIONS ÉCRITES | CIVILISATION | PRONONCIATION |
|---|---|---|
| • rédiger une lettre administrative de demande | • le système éducatif<br>• l'organisation administrative et politique | • sons [s] - [z]<br>• terminaisons du futur |
| • rechercher des informations dans les textes à caractère sociologique | • quelques grands couturiers<br>• personnages de l'Histoire et mentalités actuelles | • les voyelles nasales |
| • lire des petites annonces immobilières<br>• décrire un logement | • images de l'habitat<br>• Paris | • sons  [f] - [v] - [p] |

| SITUATIONS ÉCRITES | CIVILISATION | PRONONCIATION |
|---|---|---|
| • rédiger un programme | • rêves et valeurs des Français<br>• titres de presse et programmes de télévision | • sons [ɔ] - [ɔ̃] - [ɑ̃]<br>• sons [j] - [œ] - [ɛ]<br>• son [ɛ̃] |
| • textes à caractère descriptif et historique | • influences culturelles internationales<br>• la francophonie et la France d'outre-mer | • sons [u] - [ɥ] - [w] |
| • rédiger un texte argumentatif et persuasif | • attitudes des consommateurs (comparaisons internationales)<br>• le cinéma psychologique | • les interjections et les onomatopées |

# CRÉDITS PHOTOGRAPHIQUES

N° d'éditeur 10029492 I (56) 10032273 I (25) 10032298 I (9) CSB. P - Imprimé en Italie: Janvier 1996 par N.I.I.A.G. - Bergamo